Le livre du Corniaud

Décodez le patrimoine génétique de votre chien

Le livre du Corniaud

Décodez le patrimoine génétique de votre chien

David Alderton
Préface de Bruce Fogle

HACHETTE
Pratique

Publiée aux États-Unis par Barnes & Noble Inc. en 2007 sous le titre *The Mutt Book : Decoding Your Dog's Heritage*, en accord avec Hylas Publishing LLC, 129 Main Street, Suite C, Irvington, NY 10533 USA

Édition française
© 2008, Hachette Pratique (Hachette Livre), Paris
Traduction : Anne-Marie Naboudet-Martin
Secrétariat d'édition : Élodie Ther
Relecture : Christelle Barbereau
Couverture : Nicole Dassonville assistée de Salah Kherbouche
Mise en pages : Les PAOistes

L'éditeur remercie Gaëlle Leguéné pour son aide précieuse.

Produit complet Times International Printing (Malaisie)

ISBN : 978-2-01-235897-3
Dépôt légal : février 2008
23-32-5897-01-6

Sommaire

Ce qu'on leur trouve, par Bruce Fogle

Le vétérinaire que je suis peut vous l'affirmer : s'il est un chien qui a le vent en poupe, c'est bien le corniaud – ce chien de partout et de nulle part. Autrefois chien du pauvre, il était – et reste encore – le fruit d'une mésalliance : descendance de chiens laissés libres de suivre leur penchant naturel, sans considération des règles imposées par l'homme.

Si le corniaud a réussi à se hisser sur le devant de la scène, c'est grâce à l'évolution des relations que l'homme entretient avec la nature. Lorsque j'ai commencé à exercer mon métier, il y a bientôt quarante ans, beaucoup de gens n'avaient pas les moyens d'acheter un chien de pure race. Si un chien de haute lignée fautait avec un chien d'une autre race, les chiots hybrides qui naissaient de cette union étaient noyés à la naissance ou confiés à des refuges. Dans le meilleur des cas, ces bâtards (terme usité dès lors que l'un des parents est de pure race) étaient donnés gratuitement à qui voulait bien les accueillir.

Avec l'augmentation du niveau de vie, les familles des classes moyennes ont pu s'offrir des chiens de pure race. Toutefois, un phénomène assez étonnant est apparu simultanément. Le corniaud a commencé à devenir à la mode. Pareille évolution n'est pas dénuée de fondements.

Dans le cadre de mes études, je pratiquais chaque semaine des exercices de chirurgie sur des corniauds que le refuge local nous fournissait. Or, dans les années 1970, la nouvelle génération d'étudiants se refusa tout simplement à cette pratique. Elle allait inaugurer ainsi une nouvelle approche de la science vétérinaire, liée à une vision citadine plus empreinte d'empathie : le ratio poids/âge et les prix du marché n'étaient alors plus les seuls critères de sélection. Désormais, un corniaud aurait autant de valeur qu'un chien de concours primé.

Ces étudiants soulevaient des questions que seule une petite fraction de la société se posait alors. Quel rapport entretenons-nous avec la gent animale ? Comment la traitons-nous ? Comment pouvons-nous croire que seuls les humains éprouvent des émotions ? L'homme est-il vraiment unique et distinct du reste du monde animal, ou bien en fait-il partie ?

Parce que notre perception de l'environnement a changé, nos relations avec nos animaux de compagnie ont elles aussi évolué. Pour le corniaud, le bénéfice a été triple. D'abord, ce chien a enfin été considéré comme une espèce digne de respect. Ensuite, certains ont estimé que les corniauds étaient « plus naturels » que les chiens de pure race, dans la mesure où ils n'étaient pas issus d'une intervention arbitraire de l'homme, mais d'une sélection naturelle. (Des personnes soucieuses du bien-être des animaux étaient même parfois gênées d'être vues en public avec un chien de race pure.) Enfin, les corniauds affichent une meilleure santé que bien des chiens de race pure ; on s'est aperçu qu'en créant des races répondant à des critères esthétiques et physiques bien précis, l'homme avait inconsciemment accru l'incidence de certaines maladies génétiques transmissibles – notamment chez les races développées à partir d'un génotype limité.

Je travaille au sein d'une association caritative (*Hearing Dogs for Deaf People*) qui récupère dans les refuges des chiots dont personne ne veut et qui les dresse pour servir d'oreille à des malentendants. Il y a vingt-cinq ans, nous n'avions aucun mal à trouver des chiens. Les refuges en regorgeaient. Aujourd'hui, notre association est en concurrence avec une foule de maîtres potentiels qui désirent sauver un chien et lui offrir un foyer. Les chiens réactifs, alertes et intelligents dont nous avons besoin sont souvent adoptés le jour même de leur arrivée.

L'engouement pour le corniaud est tel qu'un nouveau type d'élevage est apparu : celui du corniaud sans surprise, du chien de race hybride, baptisé *designer dog* (« chien de créateur ») par les Anglo-Saxons, comme le puggle, le cockapoo et le labradoodle. Je ne suis pas défavorable à cette évolution dans la mesure où de tels croisements permettent une dilution des gènes potentiellement dangereux pour la santé du chien. Parallèlement, le « créateur » peut avoir une idée de l'aspect physique et de la personnalité que le chien aura une fois adulte. Après tout, c'est ainsi que sont nées la plupart des races actuellement reconnues.

L'avantage de connaître les antécédents de votre corniaud est que son comportement, par certains aspects, est susceptible d'être influencé par les races dont il est issu. Si votre chien a du sang de terrier, ne vous étonnez pas s'il fait des trous partout dans le jardin. Un corniaud qui a du sang de lévrier a des chances de courir après le chat. Et s'il a du sang de berger, il veillera volontiers sur vos enfants.

Quel est l'avenir du corniaud ? Impossible de le prédire. Les corniauds sont « créés » à la fois par des chiens opportunistes et par des maîtres irresponsables. Il y a quarante ans, les corniauds que je voyais avaient parmi leurs ancêtres des terriers, des chiens courants ou des chiens de berger. Aujourd'hui, ils ont plus de chances d'avoir du sang de bull-terrier ou de rottweiler. Quant aux maîtres irresponsables, personnellement, je les obligerais à assister à des cours d'éducation canine avant de les laisser adopter.

Pourquoi les faire stériliser ?

Des milliers de chiens sont euthanasiés chaque année et il en sera toujours ainsi tant que nous laisserons les chiens se reproduire sans contrôle.

La reproduction ne devrait se concevoir que dans le cadre d'un projet bien planifié. Même un chien sain de corps et d'esprit peut transmettre une maladie génétique. On croit souvent que les corniauds ne souffrent pas des tares dont leurs cousins de race pure sont atteints. Évidemment, plus le génotype est important, moins il y a de risques. Cependant, force est de constater que les corniauds peuvent connaître les mêmes affections.

Votre chienne est tellement mignonne que vous avez envie qu'elle vous fasse toute une portée aussi craquante qu'elle ? Si seulement c'était aussi simple ! En réalité, si vous l'accouplez à un chien, les chiots n'auront pas exactement le même patrimoine génétique qu'elle. La plupart des corniauds ne sont pas le fruit d'une liaison clandestine entre deux chiens de race pure, mais un mélange de très nombreux croisements. Comment ferez-vous pour savoir précisément quels éléments composent ce mélange et trouver à votre chienne un mâle qui offre exactement les mêmes caractéristiques ?

En accouplant à nouveau ses parents, vous avez plus de chances d'obtenir le même chiot. Mais là aussi, les chiots peuvent hériter de gènes différents. En fait, la seule façon de produire un chien génétiquement identique à un autre, ce serait le clonage. Et encore, le clone peut être physiquement identique mais avoir un comportement très différent : la personnalité d'un chien, tout comme celle des humains, est le résultat d'interactions complexes entre le patrimoine génétique et l'environnement.

En conclusion, il est impossible d'obtenir un chien strictement identique à un autre.

Si vous faites stériliser votre chienne :

- Vous supprimez les chaleurs, pendant lesquelles elle perd du sang et ne sent pas bon.
- Vous réduisez considérablement le risque de cancer mammaire, et vous éliminez le risque de cancer de l'utérus et du pyomètre.
- Vous évitez les grossesses non désirées.

Si vous faites castrer votre chien :

- Il aura moins envie de fuguer et de se battre avec les autres mâles.
- Il aura beaucoup moins de risques de développer un cancer de la prostate et aucun risque de développer un cancer des testicules.
- Il lèvera moins la patte et ressentira moins le besoin de s'accoupler.

Les races à travers le monde

Le débat fait toujours rage : où et quand le chien a-t-il été domestiqué pour la première fois ? On sait que certaines races sont très anciennes. Leurs différences tiennent vraisemblablement aux caractéristiques propres aux loups dont ils étaient les descendants. Une fois domestiqués, les chiens ont voyagé avec leurs compagnons humains. Ils se sont donc adaptés ou ont été sélectionnés en fonction des conditions imposées par l'environnement et les hommes au milieu desquels ils vivaient.

Malamute
C'est l'une des plus anciennes races de chien de traîneau de l'Arctique. Il appartenait aux Mahlmuts, une tribu inuite.

Chien inuit du Canada
Pendant des milliers d'années, ce chien a permis aux peuples inuits du nord-ouest canadien de se déplacer.

Chien de Caroline
Cette race descend vraisemblablement des premiers chiens qui ont accompagné les hommes jusqu'en Amérique du Nord.

Xoloitzcuintli
Leur histoire est un mystère, mais on trouve des représentations de chiens nus similaires sur les ruines aztèques.

Chien nu du Pérou
Les conquistadores ont découvert au Pérou cette race ancienne, liée à la noblesse Inca.

Buhund norvégien

Cette race très ancienne accompagnait à l'origine les chasseurs et les bergers. Le buhund tirait aussi les traîneaux.

Barzoï

Ce lévrier d'allure noble a certainement dans son pedigree les chiens de chasse utilisés par Gengis Khān et l'aristocratie mongole.

Lévrier irlandais

Dans l'Antiquité, ce grand chien originaire d'Irlande était admiré jusqu'à Rome pour sa taille et sa noblesse.

Carlin

Ce petit chien a été sélectionné à partir de chiens plus gros, il y a au moins 2 400 ans, pour devenir le compagnon des moines bouddhistes.

Shiba

C'est la plus petite et la plus ancienne race originaire du Japon. Ses ancêtres vivaient dans les régions montagneuses et chassaient toutes sortes de gibiers.

Podenco d'Ibiza

Des marchands ont rapporté ce chien, probablement originaire d'Égypte, jusqu'aux Baléares il y a plusieurs milliers d'années.

Greyhound

Le tombeau d'Amten, en Égypte, comporte des sculptures du IIIe millénaire avant notre ère représentant des greyhounds. Le poète romain Ovide a décrit cette race au début du Ier millénaire.

Basenji

Cette race rappelle les chiens figurant sur les tombeaux égyptiens de la IVe dynastie. On ignore comment elle est parvenue au centre de l'Afrique.

Bouvier australien

Ce chien, apparu dans les années 1800, est un croisement entre le dingo d'Australie (chien sauvage descendant du loup d'Asie) et un chien de travail anglais.

Comment utiliser ce livre

Grâce à ce livre, vous allez considérer votre compagnon à quatre pattes sous un jour totalement nouveau. Il peut paraître simpliste de diviser son chien en plusieurs parties de la pointe des oreilles à la queue, mais c'est le meilleur moyen pour retracer son histoire. Après avoir identifié parmi les différentes propositions les éléments morphologiques qui correspondent le mieux à votre compagnon, regardez quelle famille de chiens possède les mêmes caractéristiques et, par conséquent, quelles races sont susceptibles de constituer son lignage. Chaque corniaud est bien évidemment unique, mais ces pages vous aideront à vous faire une idée.

Quand vous aurez identifié les différentes parties du corps de votre chien, il ne vous restera plus qu'à mettre en pratique vos nouveaux talents auprès des fidèles compagnons de vos amis et voisins…

La première partie du livre dresse une typologie : tête, oreilles, corps, membres, queue et pelage (robe et poil), tout est passé en revue.

Les termes employés pour désigner les caractéristiques morphologiques des chiens ne sont pas toujours aisés à comprendre. Ce glossaire imagé vous y aidera.

Les images pour bien identifier les traits morphologiques étudiés.

RECONNAÎTRE VOTRE CHIEN

BELLE ROBE

Belle robe

Alors que certaines races admettent une grande variété de couleurs, qui vont du blanc crème au marron-rouge en passant par le bleu, le gris et le noir, d'autres sont reconnaissables à la couleur unique de leur robe – le golden retriever en est une bonne illustration. Chez d'autres races encore, les « motifs » de la robe sont si singuliers que l'identification est immédiate. Ainsi du dalmatien dont le corps est parsemé de taches nummulaires (en forme de pièce de monnaie), noires ou brunes, nettement dessinées. Le doberman et le rottweiler présentent quant à eux des marques de couleurs distinctives sur le museau, la poitrine ou le bout des pattes. Enfin, les robes bicolores et tricolores, en général noir ou marron et blanc, sont très fréquentes chez les chiens.

Panachée et bringée

À manteau et bicolore

Toutes les variantes sont permises !

LES TYPES DE ROBES

Les noms usités pour décrire la robe des chiens correspondent à une large palette de couleurs. Fauve fait ainsi référence à des teintes entre le jaune et le rouge ; le rouge peut être vif, acajou, cerf (tirant sur le roux), châtain, chocolat… Un chien est dit « zain » lorsque son pelage est d'une couleur uniforme. Mais il arrive que la teinte du poil de couverture soit différente de celle du sous-poil. Certaines robes comportent des bandes de couleur, des truitures, des mouchetures, des plages et bien d'autres motifs complexes : robe merle ou arlequin, montrant des taches sombres sur fond clair, robe bringée aux rayures sombres… L'observation de la robe est d'autant plus intéressante que, chez une même race, on peut noter des variations sensibles ; à l'inverse, plusieurs races peuvent avoir en commun des couleurs et des motifs similaires.

Unie

Merle

Poil de blaireau

Bicolore

Tricolore

À manteau

Noir et feu

Arlequin

Tachetée

Panachée

Mouchetée

Bringée

34

35

En encadré, l'auteur met en valeur des caractères physiques opposés.

Tous les chiens présentés dans cette double page apparaissent également dans la galerie de portraits de chiens présentant les mêmes caractéristiques.

Dans la mesure où chaque corniaud est unique, nous avons décidé de donner un nom de race à chaque chien – juste pour rire !

La photo en pied : feuilletez le livre pour trouver le corniaud qui ressemble le plus au vôtre.

Reportez-vous à l'encadré intitulé **Son "pedigree"** pour savoir quelles races sont susceptibles de compter parmi les ancêtres du chien présenté. Plus la case est grande et de couleur foncée, plus la race indiquée a une influence sur les caractéristiques du chien.

LES CHIENS DE BERGER

GOLDEN COLLEY BELGE

Golden colley belge

Ce chien, qui semble avoir un peu de toutes les races, donne l'impression d'être le fruit d'un croisement entre un malinois (variété de berger belge) et un colley à poil long, avec un pelage similaire à celui du golden retriever. À en juger par ses membres filiformes et son long cou, il a peut-être même un peu de sang de lévrier. Son poil imperméable nécessite un minimum d'entretien si l'on veut qu'il reste beau. Le golden colley belge, très intelligent et actif, ne tient pas en place car il a besoin de se dépenser et de courir. S'il reste enfermé et livré à lui-même dans une maison trop longtemps, il s'ennuiera vite et risquera alors de faire des bêtises.

TÊTE
Le museau est légèrement effilé. La tête en forme de coin évoque le colley. Les mâchoires puissantes rappellent le malinois.
Malinois
Colley

CORPS
Le malinois est légèrement plus long que haut, avec une poitrine puissante. Le ventre levretté rappelle le whippet.
Whippet
Malinois

PATTES
Antérieurs puissants et parallèles, comme ceux du malinois. Les cuisses musclées et les coussinets des pieds sont certainement un héritage du colley.
Colley
Malinois

OREILLES
Une par race ! La droite est triangulaire et tombante comme celle du golden, la gauche semi-dressée comme celle du colley.
Golden retriever
Colley

Son "pedigree"
Colley
Malinois
Golden retriever
Whippet

PELAGE
Celui du golden : épais et ondulé, avec un sous-poil dense. Du malinois, il a hérité la couleur fauve vif à acajou, avec un peu de blanc sur la poitrine.
Golden retriever
Malinois

QUEUE
La queue frangée du colley est assez longue et portée bas quand il marche. Celle du golden est musclée à la base et légèrement recourbée vers le haut.
Colley
Golden retriever

84

85

Des informations générales sur les éventuels antécédents du chien, ainsi que des indications sur le comportement que celui-ci est susceptible d'avoir et sur l'attention qu'il requiert.

Comprenez pourquoi cette partie du chien évoque telle ou telle race. Les photographies viennent à l'appui des explications.

Reconnaître votre chien

Le meilleur moyen de reconnaître les races susceptibles d'entrer dans le patrimoine génétique de votre chien est d'observer sa morphologie. Il arrive parfois que la ressemblance avec une race soit flagrante ; pourtant, mieux vaut rester prudent : les apparences sont souvent trompeuses. D'autres origines, plus difficiles à déceler, peuvent interférer. La démarche la plus sûre consiste à considérer individuellement chaque partie du corps de votre animal, plutôt que son allure générale. Quant au tempérament, sachez que les terriers sont plutôt exubérants, tenaces et curieux ; les chiens de berger faciles à dresser et gentils avec les enfants ; les lévriers indépendants et imprévisibles – quand ils ne sont pas tenus en laisse, ils poursuivent les autres animaux domestiques. Les chiens de chasse – épagneuls, setters, rapporteurs et braques – sont dynamiques, vifs et sociables. Toutefois, ce ne sont là que des généralités. Ne choisissez jamais un chien pour sa « bonne tête », mais apprenez à le connaître lors de visites répétées au refuge pendant quelques jours.

La bonne oreille

Les loups, probables ancêtres des chiens, ont les oreilles dressées, droites et rectangulaires. Certaines races ont conservé cette forme originale, tandis que d'autres ont les oreilles qui pendent de part et d'autre de la tête. D'autres chiens de race se situent entre les deux : leurs oreilles pendent lorsqu'ils sont au repos, mais se dressent lorsqu'ils sont en éveil. Ils peuvent aussi faire pivoter leurs oreilles comme des antennes radar pour suivre les sons. Quand vous observez les oreilles de votre compagnon, ne regardez pas seulement leur taille et leur forme, mais aussi la hauteur à laquelle elles se trouvent.

LES TYPES D'OREILLES

À chaque race son type d'oreilles… Les chiens de chasse, par exemple, ont souvent les oreilles tombantes ; elles sont repliées près de la tête et pendent ensuite sur les côtés. Les terriers, en revanche, ont généralement des oreilles en bouton, repliées vers l'avant au niveau de leur extrémité. Reste que certains terriers ont des oreilles dressées, qui sont également caractéristiques des chiens de berger. Les choses ne sont donc pas toujours si simples, et les jugements hâtifs sont à bannir dans la mesure où les oreilles de certains chiens, comme le berger allemand, sont tombantes ou repliées lorsqu'ils sont petits, mais se dressent à la verticale à l'âge adulte.

Certains corniauds ont une forme d'oreilles unique, combinaison que l'on ne retrouve chez aucune autre race. Et si votre chien possède une épaisse fourrure, il vous faudra déjà trouver ses oreilles !

Dressées

Tombantes

En bouton

Plaquées

Semi-dressées

Dressées en tulipe

En rose

Flottantes

Attachées haut
Les oreilles sont attachées au-dessus du niveau des yeux.

Attachées bas
Les oreilles sont attachées au-dessous du niveau des yeux.

Tout en images

Regardez-les bien. Sont-elles dressées ou tombantes ? Essayez d'identifier la forme des oreilles de votre chien : vous disposerez alors d'un indice pour retrouver ses ancêtres. Sachez, néanmoins, que de nombreuses variantes sont possibles. Un petit jeu qui promet des discussions animées en famille…

DRESSÉES

Bouvier australien

Cairn terrier

Chihuahua

Buhund norvégien

TOMBANTES

Saluki

Retriever de la baie de Chesapeake

Cocker

Rhodesian ridgeback

EN ROSE

Greyhound

Whippet

DRESSÉES EN TULIPE

Bouledogue français

Welsh corgi

PLAQUÉES CONTRE LES JOUES

Basset hound

Beagle

Foxhound

Chien courant de Hamilton

FLOTTANTES

Staffordshire américain

SEMI-DRESSÉES

Colley

Lakeland terrier

EN BOUTON

Border terrier

Shar Peï

Terrier du Norfolk

Épagneul tibétain

Tête-à-tête

La tête d'un chien peut être très étroite et allongée, comme celle du colley, ou courte et arrondie, comme celle du carlin, avec de nombreuses variantes entre les deux. Comme pour les autres parties du corps, les caractéristiques de la tête ont un lien avec les tâches spécifiques pour lesquelles la race a été développée. Des yeux très rapprochés et un museau mince, par exemple, évoquent un ancêtre lévrier – les lévriers chassent en suivant leur proie des yeux, la disposition de ces derniers leur donnant une grande profondeur de champ, sans que leur museau n'altère leur champ de vision. En revanche, de grandes mâchoires puissantes ainsi qu'un crâne large font davantage penser aux races sélectionnées pour les tâches de défense et de protection.

LES TYPES DE TÊTES

Plusieurs critères permettent d'identifier les différents types de têtes. Le dessus de la tête peut être plat ou bombé, large ou étroit ; les joues proéminentes ou plates ; le museau long ou court, plat au bout ou pointu ; les babines fermes ou lâches ; les yeux grands ou petits, écartés ou rapprochés. L'endroit où se termine le front et où commence le museau – appelé stop – peut être très marqué (à angle droit), moyennement marqué ou imperceptible. Les termes utilisés pour décrire la forme de la tête font parfois référence à d'autres animaux, comme le renard ou la loutre. Dans d'autres cas, les qualificatifs se rapportent simplement à un aspect de la tête, par exemple massive, triangulaire, courte ou effilée. La tête peut être décrite sous différents angles : de profil, de face ou de dessus.

Bien proportionnée

Massive

Rectangulaire

Courte

Tête de renard

Tête de loutre

Effilée

Triangulaire

Museau tronqué
Le museau est puissant et son extrémité carrée.

Museau pointu
Le museau forme une pointe jusqu'à la truffe, comme chez le renard.

Tout en images

Les différentes parties de la tête peuvent fournir des indices sur les ancêtres probables d'un corniaud. Parcourez les portraits de cette galerie ; ils vous aideront à identifier le type de tête de votre chien. Mais attention : un chien peut avoir le museau d'un lévrier et le crâne d'un chien de chasse : toutes les combinaisons sont possibles !

BIEN PROPORTIONNÉE

Airedale

Malinois

Springer anglais

Golden retriever

MASSIVE

Staffordshire américain

Bouledogue

Rhodesian ridgeback

Rottweiler

TÊTE DE RENARD

Chien finnois de Laponie

Shiba

Spitz-loup

Spitz nain

TÊTE DE LOUTRE

Border terrier

EFFILÉE

Barzoï

Saluki

Whippet

RECTANGULAIRE

Lévrier irlandais

Terrier écossais

Terrier irlandais à poil doux

Fox-terrier à poil dur

COURTE

Bouledogue

Carlin

Bouledogue français

Épagneul tibétain

TRIANGULAIRE

Spitz finlandais

Colley

Berger australien

Doberman

Corps-à-corps

En examinant la forme générale du corps de votre chien, vous pouvez obtenir quelques indices sur ses origines. Une poitrine profonde, qui descend jusqu'au niveau des coudes, indique que le chien a une capacité pulmonaire importante et que ses ancêtres étaient des chiens bâtis pour la course et l'activité physique. Une forme plus arrondie évoque un style de vie moins sportif. Une poitrine large est un signe de puissance ; elle est caractéristique des chiens de traîneau et de garde ainsi que des races pour lesquelles la puissance est importante. Quelques races ont été développées à des fins très spécifiques, comme le teckel qui a une forme allongée pour pouvoir se glisser dans les terriers de blaireaux.

LES TYPES DE CORPS

Vu de profil, le corps peut être carré, rectangulaire ou longiligne et, en fonction de la longueur des membres, haut ou court sur pattes. Le ventre peut être très remonté – on dit qu'il est levretté. La poitrine peut être descendue, c'est-à-dire plus basse que le reste du corps. La ligne du dos peut être horizontale, s'abaisser au niveau de la croupe (celle-ci est alors dite fuyante) ou plonger légèrement au niveau des épaules. De face, le corps est large ou athlétique, massif et trapu, ou bien léger et élégant. Sa forme générale permet de savoir d'emblée pour quel travail le chien a été sélectionné à l'origine. Le vôtre a-t-il un corps de coureur, de gardien ou de chasseur.

Poitrine profonde

Poitrine large

Massif/trapu

Élégant

Haut sur pattes

Court sur pattes

Carré

Longiligne

Ligne de dos horizontale
Le dos est parfaitement droit et horizontal.

Croupe fuyante
La ligne de dos s'abaisse au niveau de la croupe.

Rectangulaire

Ventre levretté

Tout en images

Comparez votre chien aux images de cette double page. Si vous trouvez dans quelle catégorie classer votre compagnon, vous le comprendrez mieux et saurez de quoi il peut être capable. Ne demandez pas à un chien court sur pattes de vous suivre sur de longues distances lors de votre jogging !

RECTANGULAIRE

Beauceron

Lévrier écossais

Greyhound

VENTRE LEVRETTÉ

Barzoï

Greyhound

Saluki

Whippet

CARRÉ

Épagneul breton

Bouledogue français

Carlin

LONGILIGNE

Teckel

Welsh corgi

Dandie Dinmont terrier

POITRINE PROFONDE

Pointer

Doberman

Beauceron

Rhodesian ridgeback

POITRINE LARGE

Bouledogue

Malamute

Labrador

Rottweiler

COURT SUR PATTES

Cairn terrier

Terrier du Yorkshire

HAUT SUR PATTES

Dogue allemand

Lévrier irlandais

MASSIF/TRAPU

Staffordshire américain

Bouledogue

Bullmastiff

Shar Peï

ATHLÉTIQUE

Podenco d'Ibiza

Saluki

Whippet

De tout Poil

À poils longs, courts, doux ou durs... Les chiens sont bel et bien « de tout poil ». Certaines races ont même très peu de poils, voire pas du tout. La nature du poil peut être très révélatrice. Ainsi des terriers, qui ont souvent un poil dur, ou des races nordiques qui possèdent un poil double épais et moelleux. Chez certaines races, comme le teckel, il existe des chiens à poil long, court ou dur. Le poil d'un corniaud peut parfaitement réunir les caractéristiques propres à plusieurs de ses ancêtres, ce qui complique un peu la reconnaissance, certes, mais apporte aussi du « piquant » au jeu.

Poil double
Un sous-poil court et doux, et un poil de couverture plus long.

Poil simple
Certains chiens n'ont qu'une seule couche de poil court.

LES TYPES DE POILS

Pour déterminer la texture du poil, il suffit généralement de caresser le chien. Dans certains cas, il vous faudra écarter le poil de couverture pour découvrir, par exemple, un sous-poil dense près de la peau. La longueur n'est pas forcément uniforme sur toutes les parties du corps. Le poil est souvent plus court sur la face et plus long sur les membres et la queue (on parle de franges). Le poil contribue pour une large part à l'apparence générale du chien, et la tentation est grande de choisir un chien sur ce seul critère. Or, de même que chez un homme « l'habit ne fait pas le moine », c'est davantage la personnalité de celui-ci qui doit guider le choix des futurs maîtres.

Très court et hérissé

Serré

Simple

Double

Ondulé

Bouclé

Lisse

Brillant

Droit

Épais

Dur

Tout en images

On a trop souvent tendance à croire que le poil d'un chien ne peut être que court ou long. Or, il existe de nombreuses variantes. Observer le poil d'un chien est un moyen de se faire une idée des origines géographiques de ses ancêtres : régions chaudes, froides ou tempérées, zones de montagnes ou de plaines. Grâce à cette galerie de portraits, retrouvez le type de poil que votre chien arbore et voyez les races qui lui ressemblent.

TRÈS COURT ET HÉRISSÉ

Shar Peï

Shiba

ONDULÉ

Fox-terrier à poil dur

Airedale

SERRÉ

Staffordshire américain

Bouvier australien

Greyhound

Whippet

BOUCLÉ

Chien d'eau irlandais

Caniche moyen

DOUBLE

Akita

Colley barbu

BRILLANT

Chihuahua

Dalmatien

Retriever à poil plat

Terrier de Manchester

SIMPLE

Épagneul nain papillon

Pinscher nain

Braque de Weimar

Caniche moyen

LISSE

Basset hound

Beagle

Boxer

Doberman

DROIT

Chien d'élan norvégien

Spitz-loup

Spitz nain

Shiba

ÉPAIS

Affenpinscher

Berger australien

Labrador

Husky de Sibérie

DUR

Terrier irlandais

Terrier du Norfolk

Border terrier

Lévrier écossais

Belle robe

Alors que certaines races admettent une grande variété de couleurs, qui vont du blanc crème au marron-rouge en passant par le bleu, le gris et le noir, d'autres sont reconnaissables à la couleur unique de leur robe – le golden retriever en est une bonne illustration. Chez d'autres races encore, les « motifs » de la robe sont si singuliers que l'identification est immédiate. Ainsi du dalmatien dont le corps est parsemé de taches nummulaires (en forme de pièce de monnaie), noires ou brunes, nettement dessinées. Le doberman et le rottweiler présentent quant à eux des marques de couleurs distinctives sur le museau, la poitrine ou le bout des pattes. Enfin, les robes bicolores et tricolores, en général noir ou marron et blanc, sont très fréquentes chez les chiens.

Panachée et bringée

À manteau et bicolore

Toutes les variantes sont permises !

LES TYPES DE ROBES

Les noms usités pour décrire la robe des chiens correspondent à une large palette de couleurs. Fauve fait ainsi référence à des teintes entre le jaune et le rouge ; le rouge peut être vif, acajou, cerf (tirant sur le roux), châtain, chocolat… Un chien est dit « zain » lorsque son pelage est d'une couleur uniforme. Mais il arrive que la teinte du poil de couverture soit différente de celle du sous-poil. Certaines robes comportent des bandes de couleur, des truitures, des mouchetures, des plages et bien d'autres motifs complexes : robe merle ou arlequin, montrant des taches sombres sur fond clair, robe bringée aux rayures sombres… L'observation de la robe est d'autant plus intéressante que, chez une même race, on peut noter des variations sensibles ; à l'inverse, plusieurs races peuvent avoir en commun des couleurs et des motifs similaires.

Unie

Merle

Poil de blaireau

Bicolore

Tricolore

À manteau

Noir et feu

Arlequin

Tachetée

Panachée

Mouchetée

Bringée

Tout en images

Avec un peu de chance, il vous sera aisé de rapprocher votre compagnon de telle ou telle race en procédant à une simple comparaison entre les robes. Cependant, les variations dans les couleurs et les motifs sont si nombreuses qu'il est bien plus probable que l'exercice s'apparente à un travail de détective, et il vous faudra vous attacher au moindre détail du pelage de votre chien pour trouver les indices de ses origines.

MERLE

Bouvier australien

POIL DE BLAIREAU

Griffon vendéen

UNIE

Affenpinscher

Retriever à poil plat

Terrier irlandais

Braque hongrois

BICOLORE

Border collie

Chien finnois de Laponie

Terrier australien

Colley barbu

TRICOLORE

Basset hound

Jack Russell

Grand bouvier suisse

Welsh corgi

À MANTEAU

Airedale

Berger allemand

Terrier gallois

HARLEQUIN

Dogue allemand

NOIRE ET FEU

Beauceron

Terrier de Manchester

Rottweiler

Doberman

PANACHÉE

Podenco d'Ibiza

Épagneul nain papillon

Cavalier King Charles

Épagneul breton

MOUCHETÉE

Braque allemand à poil court

Setter anglais

Springer anglais

TACHETÉE

Dalmatien

BRINGÉE

Whippet

Greyhound

À la queue

Tous les chiens manifestent leur humeur à travers les mouvements de leur queue, et les signaux sont les mêmes, quelle que soit sa forme… Mais la ligne générale de la queue, son port et son emplacement varient d'une race à l'autre. Ainsi, les chiens qui chassent en meute, comme le beagle et le foxhound, ont une queue droite, dressée à la verticale comme un étendard. Les lévriers, en revanche, portent la queue assez bas ; l'extrémité peut être recourbée – quand tel n'est pas le cas, elle est rabattue toute droite entre les jambes. La plupart des terriers ont la queue droite, attachée assez haut sur le dos.

Attachée haut
La queue semble être le prolongement naturel de la ligne du dos.

Attachée bas
La queue commence au-dessous de la ligne du dos.

LES TYPES DE QUEUES

Une queue en brosse est une queue au poil très fourni, souvent portée bas. La queue en faucille est recourbée vers l'avant au-dessus du dos. Lorsque les deux se combinent, on parle de queue en brosse portée en faucille, comme chez le husky de Sibérie. La queue nouée est une queue courte enroulée en spirale, comme celle du carlin, tandis que la queue « portée gaiement » désigne une queue portée au-dessus de l'horizontale, remontant légèrement vers le dos, comme celle du fox-terrier à poil dur. Quelques races, tel le welsh corgi cardigan, ont une queue naturellement très courte, dite écourtée. Détail amusant : les chiens qui ont la queue très courte agitent le dos tout entier lorsqu'ils sont contents !

En fouet

À toupet

En panache

En sabre

En brosse

Nouée

Enroulée sur le dos

Tombante

Portée gaiement

Queue de loutre

Effilée

Tout en images

Difficile de proposer un catalogue exhaustif des types de queues tant ils sont nombreux. Pour une meilleure observation, jouez avec votre chien afin de voir sa queue exprimer tour à tour le contentement, l'attente ou la curiosité. Un chien dans un état de soumission aura toujours la queue basse, entre les pattes.

EN BROSSE

Husky de Sibérie

Spitz finlandais

QUEUE DE LOUTRE

Retriever de la baie de Chesapeake

Labrador

NOUÉE

Akita

Carlin

TOMBANTE

Staffordshire américain

Dogue allemand

Grand bouvier suisse

Pointer

ENROULÉE

Malamute

Spitz nain

À TOUPET

Caniche moyen

Caniche nain

PORTÉE GAIEMENT

Cavalier King Charles

Beagle

Braque allemand à poil court

Fox-terrier à poil dur

EFFILÉE

Teckel

Terrier de Manchester

Border terrier

EN SABRE

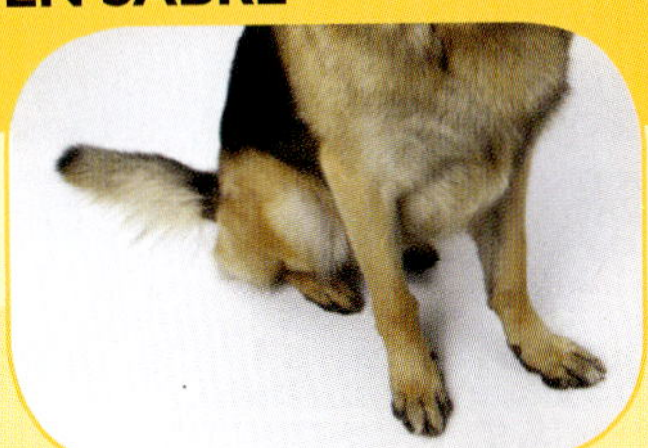
Berger allemand

Griffon vendéen

EN PANACHE

Barzoï

Saluki

Tervueren

EN FOUET

Whippet

Podenco d'Ibiza

À quatre Pattes

Outre la longueur et l'épaisseur des membres d'un chien, l'angle qu'ils dessinent avec le corps en dit long sur ses qualités athlétiques. La position des membres est liée à la forme du corps : un chien à la poitrine large, par exemple, a généralement les membres écartés. La forme des pattes donne aussi un indice sur le genre d'activité pour lequel une race a été sélectionnée. Les races nordiques ont des coussinets à la couche cornée épaisse et dure, indispensables pour courir sur un sol gelé et dans la neige. Quant aux pattes palmées, dotées d'une membrane entre les doigts, elles sont communes aux races sélectionnées pour travailler dans l'eau, comme le labrador qui est un excellent nageur.

Membres longs
Tous les chiens à longues pattes ne sont pas grands !

Membres courts
Tous les chiens à pattes courtes ne sont pas minuscules !

LES TYPES DE PATTES

Certaines races, comme le basset hound et le bouledogue, ont les membres antérieurs légèrement tournés vers l'extérieur. D'autres, notamment la plupart des terriers, ont les antérieurs parfaitement droits, fléchis au niveau des « genoux » (région du carpe), et le bout des pattes pointé vers l'avant. Il existe également toutes sortes de formes de pieds : les pieds ronds sont synonymes de puissance et de stabilité ; les pieds de lièvre (longs et étroits, avec les doigts relevés haut), « conçus » pour la vitesse, sont caractéristiques des races les plus rapides (même si on les retrouve chez de nombreuses races naines). Des membres postérieurs puissants évoquent plutôt un ancêtre sélectionné pour sa force et sa vélocité, mais il faut toujours rapprocher cet élément de la forme générale du corps.

PIEDS

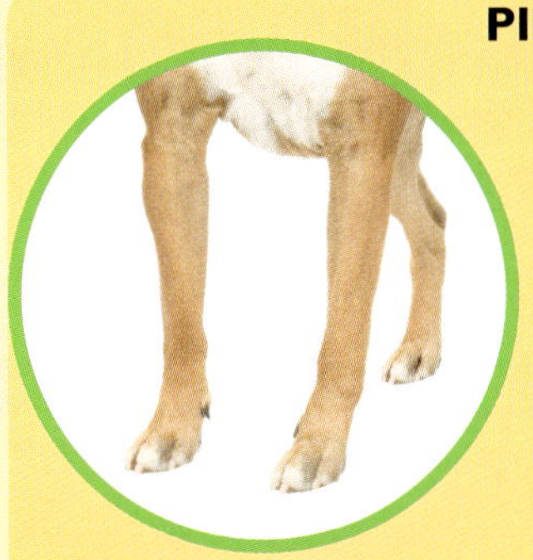

De chat

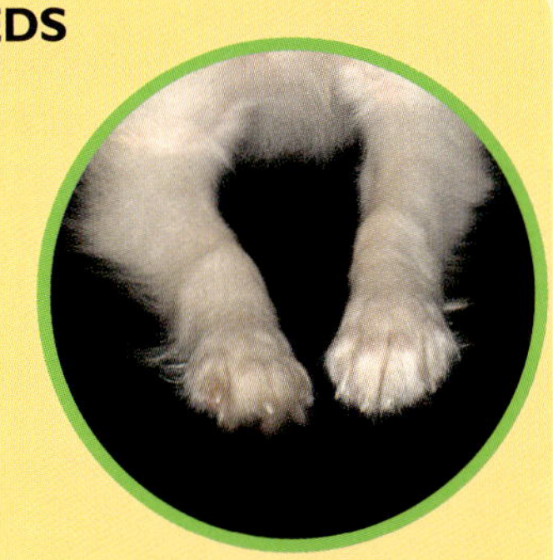

De lièvre

Ovales

Palmés

Plats et ouverts

ANTÉRIEURS

Droits

Arqués

Fléchis

Écartés

POSTÉRIEURS

Chien campé

Droits

Tout en images

Mille pattes… Chez le chien, les pattes admettent des formes extrêmement diverses. Observez votre compagnon debout à l'arrêt, assis, puis à la marche ou encore à la course. Amusez-vous à identifier l'empreinte de ses pattes sur du sable ou de la neige. Comparez-la avec celle d'autres animaux en forêt.

PIEDS

DE CHAT

Boxer

Pinscher nain

Cocker

Beagle

DE LIÈVRE

Barzoï

Épagneul nain papillon

OVALES

Colley barbu

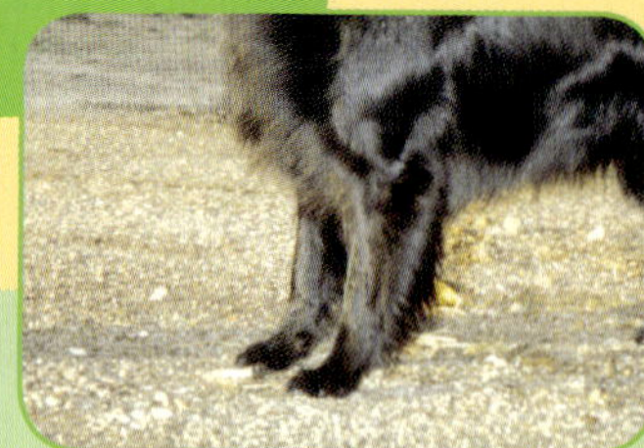
Retriever à poil plat

PLATS ET OUVERTS

Chien finnois de Laponie

Malamute

Chien d'élan norvégien

Husky de Sibérie

PALMÉS

Retriever de la baie de Chesapeake

Labrador

POSTÉRIEURS

CHIEN CAMPÉ

Épagneul breton

Doberman

DROITS

Akita

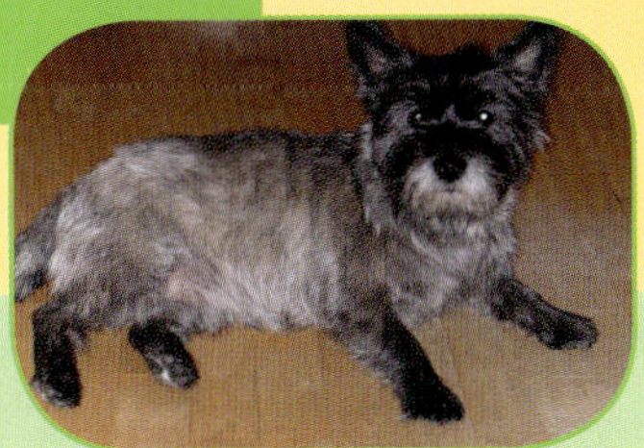

Cairn terrier

Chien finnois de Laponie

Fox-terrier à poil lisse

ANTÉRIEURS

DROITS

Springer anglais

Terrier de Manchester

ARQUÉS

Bouledogue

Carlin

FLÉCHIS

Basset hound

Teckel

ÉCARTÉS

Bullmastiff

Dogue allemand

Portraits de corniauds

Le meilleur moyen pour retrouver les origines probables d'un corniaud, c'est de regarder la taille et la forme de son corps. L'impression générale que son allure vous laissera vous donnera une idée du type de chien auquel vous avez affaire. Ensuite, vous observerez un à un les différents éléments de son aspect physique – forme de la tête, des oreilles, des pieds et des membres, de la queue – afin de trouver d'autres indices qui vous mettront sur la piste de ses ancêtres. N'oubliez pas que le tempérament et le comportement du chien sont eux aussi extrêmement révélateurs. Néanmoins, toutes ces informations ne suffiront pas à percer totalement les secrets de la nature… et vous ne pourrez qu'émettre des hypothèses sur le patrimoine génétique de votre animal. Qu'importe, cet exercice vous permettra certainement d'en apprendre beaucoup sur sa personnalité, d'apprécier plus encore sa compagnie et son caractère unique. Et de vous dire : « Mon chien, c'est quelqu'un ! »

Les terriers

Affencairn

Ce chien très vif, qui descend clairement d'une lignée de terriers, appréciera de vivre dans un pavillon avec jardin, près d'un parc pour les promenades, mais il sera aussi à l'aise dans un environnement rural. L'entretien de son pelage est assez simple dans la mesure où, comme celui de la plupart des terriers, il est imperméable et ne nécessite qu'un toilettage limité. En fait, son aspect légèrement ébouriffé ajoute à son charme. Cependant, cela ne lui fera pas de mal d'être toiletté tous les deux ou trois mois. Veillez également à ce que les poils plus longs qui entourent sa gueule ne restent pas sales après un repas ou une promenade. Nettoyez éventuellement sa barbe tous les jours si vous ne voulez pas qu'il finisse par sentir mauvais.

TÊTE
Le museau puissant et carré est sans doute celui du cairn terrier ; la moustache et la barbe abondante ceux de l'affenpinscher.

Affenpinscher

Cairn terrier

Affenpinscher

PATTES
L'apparence massive et les membres courts rappellent le cairn terrier, dont les pattes avant sont légèrement plus grosses que les pattes arrière, et l'affenpinscher, qui a des pattes rondes aux doigts serrés.

Cairn terrier

Terrier écossais

OREILLES

Les oreilles pointues et écartées sont un mélange équilibré de terrier écossais et de terrier australien, aux oreilles plus petites que le premier.

Terrier australien

Son "pedigree"

- Cairn terrier
- Affenpinscher
- Terrier écossais
- Terrier australien

Cairn terrier

CORPS

Le corps puissant et rectangulaire évoque le cairn terrier, qui a le dos droit et la poitrine profonde, et le terrier australien, dont la poitrine descend assez bas.

Terrier australien

PELAGE

Le poil double, que l'on trouve à la fois chez le cairn terrier et l'affenpinscher, assure une bonne protection contre les intempéries.

Cairn terrier

Affenpinscher

Pitfox Staffordshire à poil lisse

Même s'il n'est pas encore adulte, ce chien a très nettement du caractère et il a tout le potentiel pour devenir un animal difficile s'il n'est pas dressé correctement. C'est un terrier : il compte par conséquent quelques « durs à cuire » parmi ses ancêtres – très certainement le Staffordshire américain et le pitbull. Assez territorial, il a besoin d'être socialisé dès le plus jeune âge avec d'autres chiens pour être ensuite capable de jouer avec les autres sans agressivité. D'un autre côté, la mauvaise réputation du pitbull n'est pas totalement justifiée. C'est un chien qui se dresse très bien. Il est notamment utilisé dans certaines activités thérapeutiques en milieu hospitalier. Outre une socialisation précoce, la castration des mâles est conseillée.

OREILLES
Petites, implantées sur le haut du crâne et repliées.

Pitbull

Fox-terrier à poil lisse

TÊTE
Forte et carrée, avec un museau large et court et des mâchoires puissantes.

Pitbull

Staffordshire américain

Son "pedigree"

Pitbull
Staffordshire américain
Fox-terrier à poil lisse

Pitbull

PELAGE

Les trois races ont un poil brillant, raide et court. La robe évoque plutôt le fox-terrier, mais elle est aussi commune à chacune des autres races.

Staffordshire américain

Fox-terrier à poil lisse

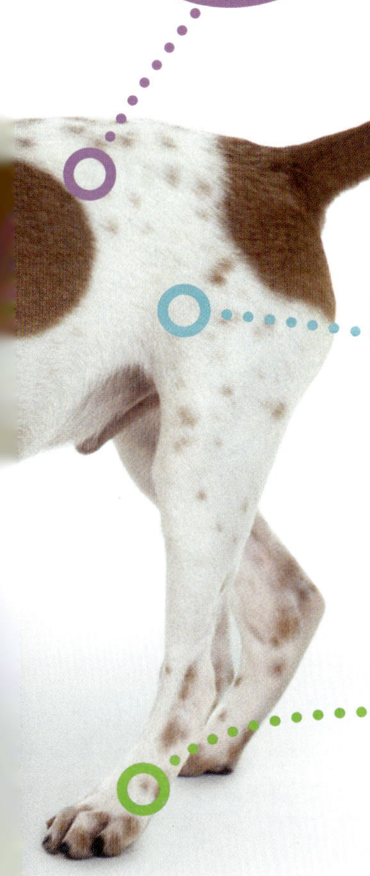

Pitbull

CORPS

Compact, musclé, avec une poitrine large : tout évoque un robuste terrier.

Staffordshire américain

Fox-terrier à poil lisse

PATTES

Les antérieurs parfaitement droits sont ceux du fox-terrier ; les postérieurs puissants sont un héritage du pitbull.

Pitbull

Irlandais Lakeland

Ce chien est par nature vif et curieux. Il a aussi un caractère un peu indépendant qui peut le rendre difficile à dresser. Il aime les gens, mais il n'est pas toujours très sympathique avec les autres chiens. Autant de traits caractéristiques qui évoquent un croisement avec un terrier, ce qui explique son pelage ébouriffé, la forme de ses oreilles et le port de sa queue. Sa couleur évoque le terrier irlandais à poil doux, une race au pelage plus agréable à caresser que celui de la plupart des terriers, et qui a la couleur du blé mûr. Il doit ses longues pattes, sa face frisottée et sa personnalité bien trempée aux autres terriers dont il descend.

Terrier irlandais

OREILLES
Attachées haut et écartées, en V, repliées vers l'avant.

Fox-terrier à poil dur

Lakeland terrier

PATTES
Tous ces terriers ont en commun des antérieurs parfaitement droits. Les pieds ronds et compacts sont typiques du fox-terrier à poil dur.

Fox-terrier à poil dur

Terrier irlandais

Terrier irlandais à poil doux

TÊTE

Rectangulaire, avec un long museau puissant et une large truffe.

Lakeland terrier

Lakeland terrier

QUEUE

Attachée haut et légèrement courbe, comme celle du Lakeland terrier ; courte et épaisse comme celle du terrier irlandais à poil doux.

Terrier irlandais à poil doux

PELAGE

Sa robe jaune doré au poil dur d'aspect, mais doux au toucher évoque le terrier irlandais à poil doux. Sa face ébouriffée rappelle néanmoins le Lakeland terrier.

Terrier irlandais à poil doux

Lakeland terrier

Son "pedigree"

- Lakeland terrier
- Terrier irlandais à poil doux
- Fox-terrier à poil dur
- Terrier irlandais

Fox-spitz de Manfolk

Incontestablement, ce chien descend de l'une des races nordiques (c'est-à-dire les spitz et apparentés) : soit le shiba, soit le spitz finlandais. Il possède certaines des caractéristiques typiques de ces races, notamment la queue enroulée au-dessus du dos et la tête pointue qui rappelle celle du renard. Néanmoins, ses oreilles repliées et son pelage à l'aspect négligé évoquent des ancêtres appartenant à la famille des terriers. On pourrait donc dire que ce chien est un nordique à ses extrémités et un terrier au milieu. Il est sans aucun doute réactif et docile, même s'il est parfois bruyant – ce qui reflète à la fois son héritage nordique et son tempérament de terrier, instinctivement en éveil.

TÊTE
S'affine pour former un triangle, avec un museau pointu et des yeux sombres.

Spitz finlandais

Shiba

PATTES
Membres courts et droits aux pieds compacts arrondis – des traits communs au terrier de Manchester et au fox-terrier à poil lisse.

Terrier de Manchester

Fox-terrier à poil lisse

Fox-terrier à poil lisse

OREILLES
Petites, attachées très en arrière, retombantes.

Terrier du Norfolk

Son “pedigree”

Spitz finlandais/shiba

Terrier du Norfolk

Terrier de Manchester

Fox-terrier à poil lisse

Spitz finlandais

QUEUE
La queue courte est légèrement frangée sur le dessous et s'enroule vers l'avant. Elle ressemble un peu à celle des races nordiques.

Shiba

PELAGE
Sa couleur se rapproche de celle du shiba ou du spitz finlandais, mais sa texture évoque le terrier.

Spitz finlandais

Shiba

Terrier du Norfolk

Dandie border Scottie

Ce chien a sans aucun doute un profil de terrier. Sa face assez allongée évoque celle du terrier écossais. Il aurait aussi un peu de Dandie Dinmont terrier, ce qui expliquerait ses oreilles repliées et son toupet sur la tête. Sa couleur poivre et sel rappelle légèrement celle du Dandie Dinmont, tandis que son corps longiligne et court sur pattes se rapproche de celui du cairn terrier ou, plus encore, du Dandie Dinmont. Toujours en éveil et assez têtu (comme tous les terriers), ce corniaud adore fouiner quand il trouve un trou dans le sol. Il ne craint pas le mauvais temps car son poil dur et double le protège des intempéries.

Dandie Dinmont terrier

CORPS
Large et bas tels le Dandie Dinmont et le cairn terrier. Longiligne comme le Dandie Dinmont.

Cairn terrier

QUEUE
Courte et épaisse, s'effilant en pointe.

Border terrier

Terrier écossais

Terrier écossais

TÊTE
Large sur le dessus du crâne, avec un museau court et évasé.

Dandie Dinmont terrier

PELAGE
Longueur moyenne, dur comme le cairn ; poivre et sel, doux comme le Dandie Dinmont.

Dandie Dinmont terrier

Cairn terrier

PATTES
Les membres courts et droits évoquent le Dandie Dinmont. Les pattes de devant sont plus grosses que celles de derrière comme chez le border terrier.

Dandie Dinmont terrier

Border terrier

Son "pedigree"

- Terrier écossais
- Dandie Dinmont terrier
- Border terrier
- Cairn terrier

Terrier du Norcairnshire

Sa face large, ses oreilles repliées, ses membres courts et son pelage plus long sur les épaules que sur le reste du corps sont autant d'indices pouvant laisser croire qu'il compte un terrier du Norfolk parmi ses ancêtres. Il a certainement aussi un peu de border terrier car sa face est assez grande et ronde. Son poil est beaucoup moins dur que celui de la plupart des terriers, ce qui laisse penser qu'il a aussi un peu de sang de terrier du Yorkshire. C'est un chien actif. Il trotte plus qu'il ne court, mais il ne marche jamais lentement du fait qu'il est court sur pattes. Son poil est facile à entretenir ; quand il se salit, la saleté sèche rapidement et il est ensuite aisé à brosser.

TÊTE

Large et plate sur le dessus, comme le terrier du Norfolk et le border terrier. Il a le museau compact de ce dernier et les grands yeux ronds du terrier du Yorkshire.

Terrier du Norfolk

Border terrier

Terrier du Yorkshire

PATTES

Courtes, les antérieurs légèrement sous lui comme ceux du cairn terrier, et les postérieurs bien campés comme ceux du terrier du Norfolk.

Terrier du Norfolk

Cairn terrier

OREILLES
Petites et repliées sur les côtés de la tête comme celles du border terrier et du terrier du Norfolk.

Terrier du Norfolk

Border terrier

Son “pedigree”

- Terrier du Norfolk
- Border terrier
- Cairn terrier
- Terrier du Yorkshire

Terrier du Norfolk

PELAGE
« En bataille » et roux, ce qui est typique du Norfolk, mais pas rêche, comme celui du Yorkshire.

Terrier du Yorkshire

Cairn terrier

CORPS
Plus long que haut comme le Norfolk, avec la poitrine profonde comme le cairn terrier.

Terrier du Norfolk

Gallois de Manchester

À coup sûr, ce chien descend lui aussi d'une lignée de terriers. Alors qu'autrefois presque chaque village avait son espèce bien à lui, aujourd'hui, toutes se sont mélangées et tous les terriers, quelle que soit leur provenance, possèdent des caractéristiques communes immédiatement identifiables : le museau un peu carré souligné par une barbe, le poil dur, le dos et la poitrine puissants, la queue courte mais assez fine. Ce terrier plein d'entrain est encore jeune, mais on peut déjà voir qu'il sera bien proportionné une fois adulte. Son regard intense, plein de curiosité, est « cent pour cent terrier ». Ce chien tenace et énergique a énormément besoin de se dépenser, sinon il risque de beaucoup japper et de faire des bêtises. Il adore fourrer son museau dans les trous.

TÊTE

La tête s'affine légèrement (comme celle du Manchester) et se termine par un museau carré (comme le terrier gallois).

Terrier de Manchester

Terrier gallois

Terrier de Manchester

PELAGE

Dur et épais au niveau de la barbe et de la poitrine, comme le terrier gallois. Sa couleur rappelle le noir et feu du terrier de Manchester.

Terrier gallois

Terrier de Manchester

PATTES

Ses membres longs et droits évoquent le terrier de Manchester. Sa taille rappelle plutôt l'airedale.

Airedale

Son "pedigree"

Terrier gallois

Terrier de Manchester

Fox-terrier à poil dur

Airedale

Terrier gallois

OREILLES

Petites et repliées vers l'avant, comme chez la plupart des terriers.

Airedale

Fox-terrier à poil dur

Airedale

CORPS

Comme le Manchester, il est assez mince, mais sa longueur évoque plutôt l'airedale.

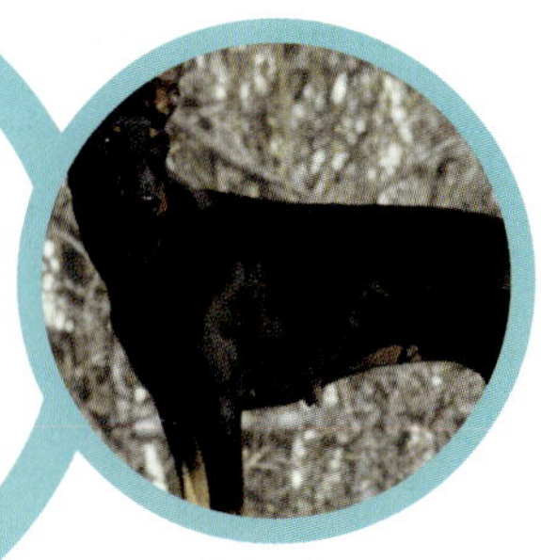

Terrier de Manchester

Bullbox mastiff

Ce chien pourrait tenir à la fois du dogue, qui était à l'origine un chien de combat, et du mastiff, chien de garde destiné à impressionner. Ces chiens ont d'ailleurs été croisés dès la fin du XVIIIe siècle. Ne vous laissez pas influencer par leur réputation ; ce sont des compagnons pleins d'entrain, pas très difficiles à dresser. Ils se plaisent avec des adolescents aussi énergiques qu'eux, avec qui ils adorent jouer. Ils sont néanmoins assez territoriaux et réagissent à la présence d'étrangers. Le dressage est indispensable pour contenir leur caractère dominateur.

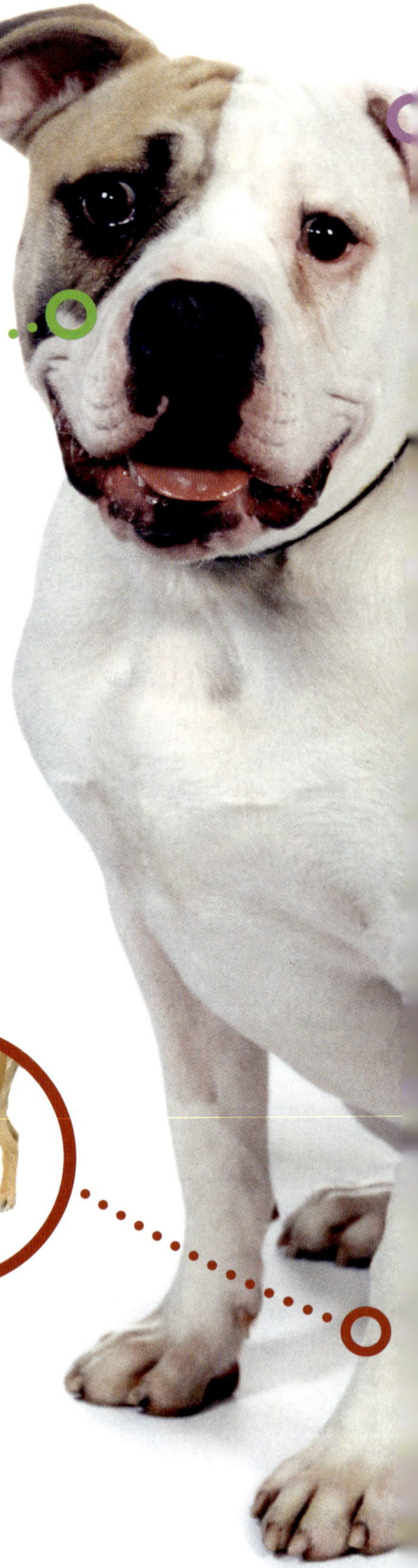

Pitbull

TÊTE
Large dans son ensemble, avec un museau court et des babines lâches.

Bullmastiff

Pitbull

PATTES
Membres gros et puissants, pieds forts et gros, comme ceux du pitbull et du bouledogue. Très musclés, avec des cuisses galbées et des antérieurs droits, comme ceux du boxer.

Boxer

Bouledogue

OREILLES
Oreilles en bouton, haut sur la tête et encadrant la face.

Bullmastiff

Boxer

Son “pedigree”

- Pitbull
- Boxer
- Bullmastiff
- Bouledogue

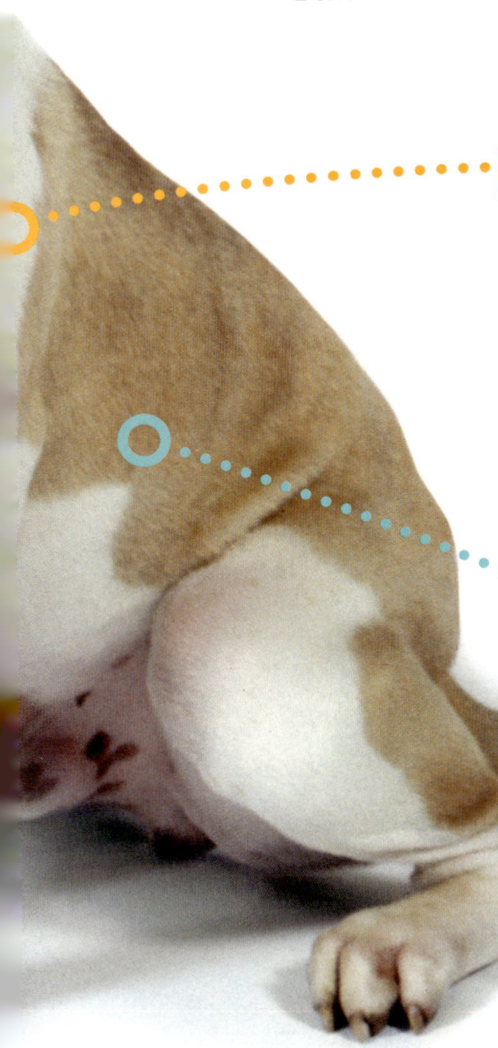

Pitbull

PELAGE
Poil brillant, court et lisse, sous-poil quasiment inexistant. La robe blanche et feu évoque le bouledogue.

Bouledogue

Boxer

CORPS
Très musclé, avec une poitrine aussi imposante que le bouledogue. Profil carré, comme chez le boxer et le pitbull.

Pitbull

Bouledogue

Borderfox gallois

Ce terrier très original est né sans oreilles, ce qui permet toutes les suppositions. Mais cela ne l'empêche pas de bien entendre. L'absence d'oreilles est le résultat d'une anomalie génétique. Même si certaines races ont les oreilles plus petites que d'autres, l'absence totale de pavillon (partie externe) n'en caractérise aucune en particulier. Reste que ce chien est incontestablement un terrier. On le voit à son pelage, à son allure générale et même à sa barbichette grisonnante, sans parler de son dynamisme et de sa curiosité. Ce chien est né au pays de Galles, ce qui laisse supposer du sang de terrier gallois. Mais on distingue aussi d'autres influences.

TÊTE

Assez large et courte, comme celle du border terrier, mais le stop légèrement marqué évoque à la fois le border et le fox-terrier.

Border terrier

Fox-terrier à poil dur

PATTES

Les pieds sont ronds, compacts et petits comme ceux du fox-terrier. Les cuisses sont relativement courtes, comme celles du terrier gallois.

Fox-terrier à poil dur

Terrier gallois

Terrier gallois

PELAGE

Le poil dur et la robe – à manteau noir sur fond feu – évoquent à la fois le Lakeland et le terrier gallois.

Lakeland terrier

Son “pedigree”

Terrier gallois
Lakeland terrier
Fox-terrier à poil dur
Border terrier

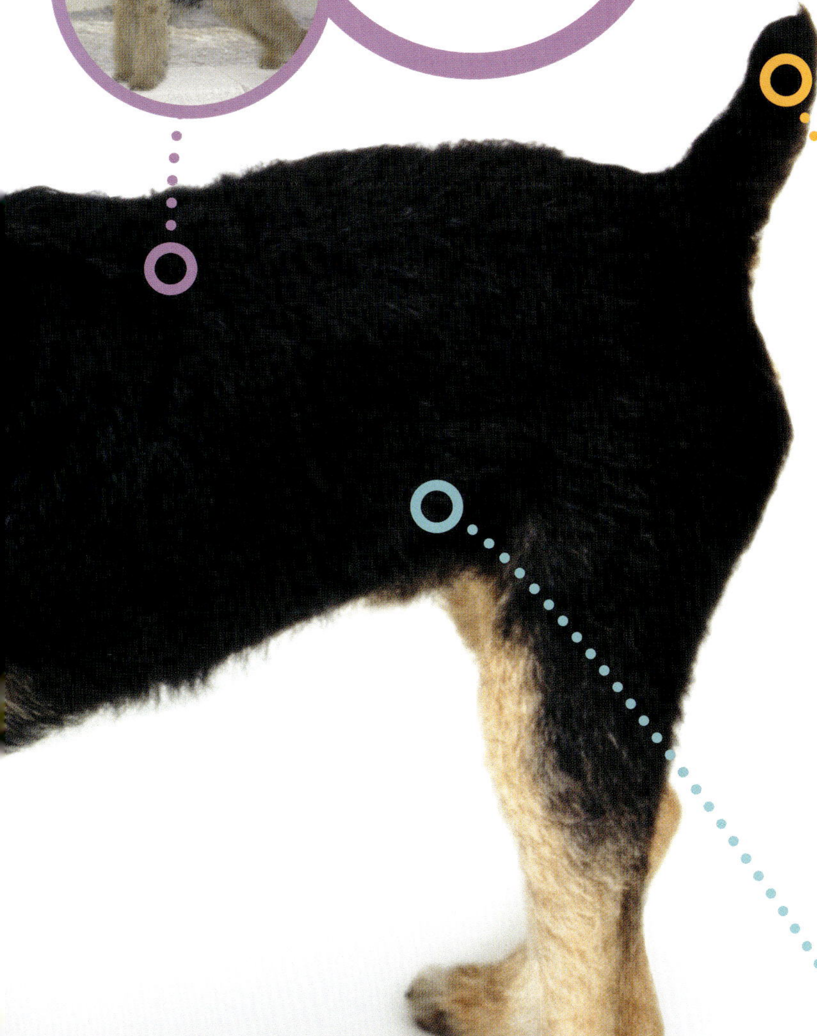

QUEUE

Courte, attachée haut sur le dos et portée à la verticale, comme chez la plupart des terriers.

Terrier gallois

Lakeland terrier

CORPS

Compact et robuste comme celui du terrier gallois, avec le ventre très relevé comme le Lakeland.

Terrier gallois

Lakeland terrier

Airedale irlandais

Il suffit de regarder ce chien pour deviner qu'il s'agit d'un terrier. Son poil dur et sa barbe trahissent ses origines. Ce terrier est en fait assez grand, évoquant plutôt l'airedale ou le terrier irlandais. Mais il a également d'autres origines, sa couleur rappelant le Lakeland ou le terrier gallois. Il présente aussi le comportement typique du terrier, adorant fouiner, courir et chasser. Il est plein d'énergie et ses longs membres l'aident à se déplacer plus vite que la plupart des terriers. Il est intelligent et bon gardien.

TÊTE

Les oreilles en V retombent en s'écartant de la tête comme chez tous les terriers. Le crâne plat, le stop court et les yeux foncés au regard intense évoquent le terrier irlandais. Le Lakeland a également le dessus du crâne plat et un museau fort.

Lakeland terrier

Airedale

Terrier gallois

PATTES

Ses puissants postérieurs, de longueur moyenne, aux jarrets parallèles, sont ceux de l'airedale. Les petits pieds ronds aux griffes noires épaisses sont ceux du terrier gallois.

Terrier irlandais

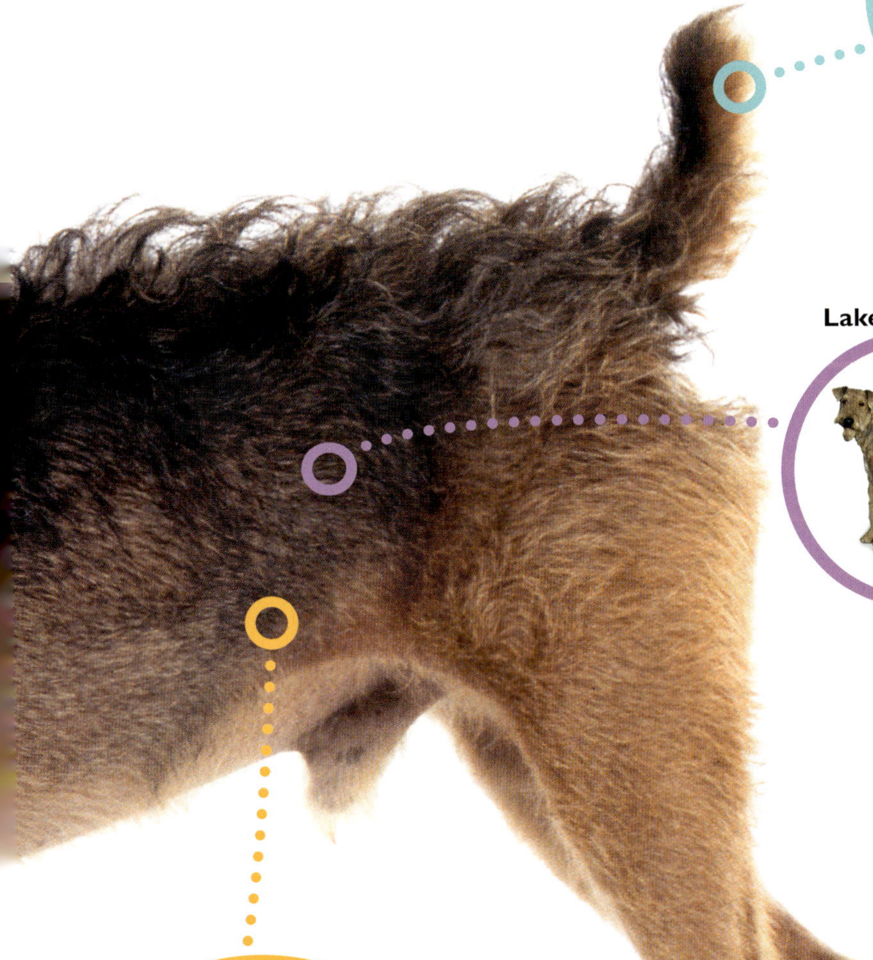

Airedale

QUEUE

Attachée haut sur le dos, elle est courte, épaisse et portée relevée.

Lakeland terrier

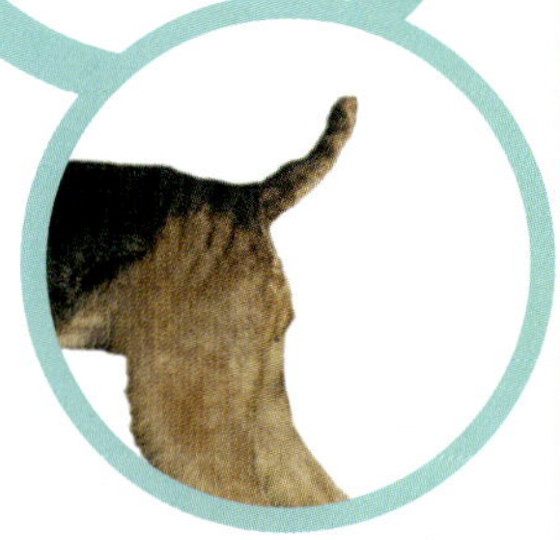

Lakeland terrier

PELAGE

La texture du poil est typique des terriers et la robe – feu, à manteau noir – est celle de l'airedale, du Lakeland et du terrier gallois.

Terrier gallois

Airedale

CORPS

Il est aussi grand que le terrier irlandais et l'airedale. Il a les longues épaules et la poitrine ni trop profonde ni trop large du terrier irlandais.

Terrier irlandais

Airedale

Son "pedigree"

Airedale

Terrier irlandais

Lakeland terrier

Terrier gallois

Box-terrier de bullman

L'apparence assez massive de ce chien est due à ses gènes de pitbull, mais c'est sans doute à un croisement avec un terrier de Manchester qu'il doit sa face plus étroite et son museau plus long. Il ne raffole pas de la course car il est plutôt bâti pour marcher d'un pas tranquille. Il faut donc surveiller son poids afin d'éviter qu'il ne s'empâte. Si c'est un compagnon loyal de l'homme, il peut faire preuve d'agressivité envers les chiens, notamment ceux qui cherchent à se frotter à lui. Il est préférable de le tenir en laisse dans les parcs.

TÊTE
Le crâne large au museau court évoque le pitbull, mais le fait que la tête soit triangulaire et relativement longue rappelle plutôt le terrier de Manchester.

Pitbull

Terrier de Manchester

CORPS
Ce corps massif, compact et musclé, au dos large et à la poitrine ample et profonde est typique du bull-terrier.

Pitbull

Staffordshire américain

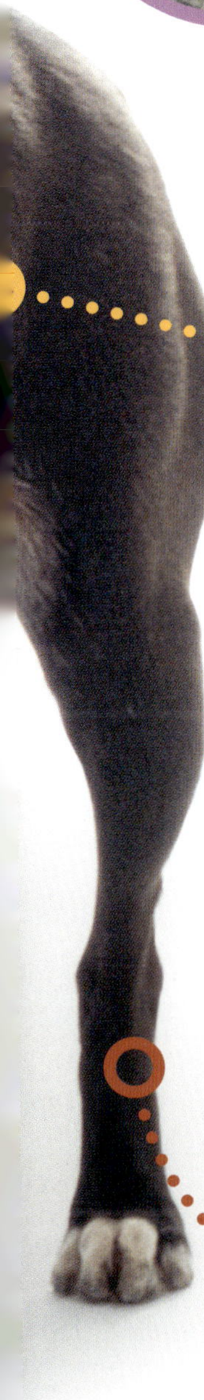

Terrier de Manchester

Staffordshire américain

OREILLES

Elles sont à mi-chemin entre les oreilles dressées du terrier de Manchester et les oreilles flottantes du Staffordshire américain.

Son "pedigree"

Pitbull
Staffordshire américain
Terrier de Manchester
Boxer

Boxer

Pitbull

Staffordshire américain

PELAGE

Lisse et brillant, court et ferme, marquant bien les courbes, comme chez toutes les races qui le composent.

Terrier de Manchester

Boxer

PATTES

Les antérieurs relativement minces et droits sont ceux du terrier de Manchester ; les postérieurs musclés sont ceux du Staffordshire américain. Les petits pieds ronds évoquent le boxer.

Terrier de Manchester

Staffordshire américain

Aireborder hongrois

La magnifique robe de ce grand terrier au poil rêche témoigne d'un mélange avec un chien de chasse comme le braque hongrois. Ce chien dynamique et exubérant est très curieux. Même si certaines zones de son pelage sont plus longues que d'autres, il nécessite peu d'entretien : il suffit de le brosser. Cependant, comme chez tous les terriers, les poils de la barbe peuvent être souillés quand il mange et s'emmêler. Il est conseillé de lui nettoyer la face avec un chiffon propre après chaque repas, surtout s'il mange des aliments humides.

Border terrier

TÊTE
La tête est robuste, rectangulaire et plate sur le dessus, comme celle du schnauzer nain. Le museau rond au stop très marqué rappelle le border terrier.

Schnauzer nain

Airedale

PATTES
Antérieurs droits et parallèles comme ceux du schnauzer ; cuisses longues et musclées comme celles de l'airedale.

Schnauzer nain

Border terrier

PELAGE

Il a le poil du border terrier, avec un sous-poil dense et court, et un poil de couverture dur proche de la peau, sans boucles ni ondulations. Mais la robe est celle du braque hongrois – fauve foncé uni.

Braque hongrois

Son "pedigree"

Airedale
Braque hongrois
Border terrier
Schnauzer nain

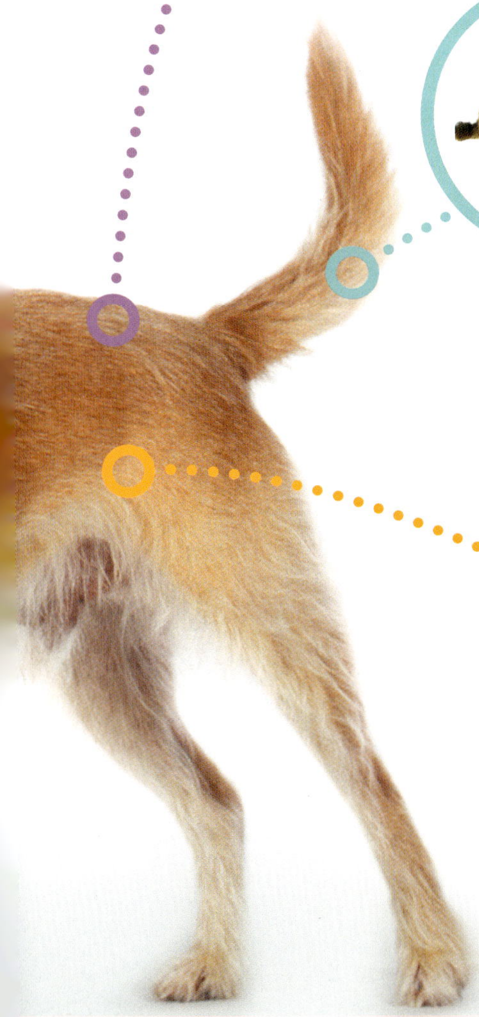

Airedale

QUEUE

Portée au-dessus du dos (airedale) elle est assez longue et épaisse. Elle comporte quelques franges (border terrier).

Border terrier

Braque hongrois

CORPS

C'est au braque hongrois qu'il doit la légère courbe de son dos. Le schnauzer a la poitrine profonde, bien descendue. Quant au border terrier, il a la poitrine profonde et étroite, et le ventre levretté.

Schnauzer nain

Border terrier

Staffordshirer Bulldog-box

Les chiens de ce genre étaient souvent appelés « bull and terrier dogs ». Ils constituent un groupe à part dans les terriers : ils ont la tête large, massive, et le poil court, ni dur ni ébouriffé. La robe bringée de celui-ci montre qu'il a probablement aussi les gènes d'un chien de travail. Il doit être parfaitement dressé pour que cette énergie puisse être maîtrisée. Les chiens de travail ayant aussi besoin de se dépenser, donnez-lui suffisamment de jouets pour qu'il puisse s'occuper. Il se méfie parfois des autres chiens : le fait de le dresser arrange en principe les choses.

TÊTE

Le Staffordshire américain a le crâne large ; son museau arrondi sur le dessus est de longueur moyenne. Le bullmastiff a une tête ciselée et les pommettes saillantes, avec le museau large et plat au bout ; les babines sont lâches mais ne pendent pas.

Staffordshire américain

Bullmastiff

PATTES

Le Staffordshire américain a les antérieurs bien droits et de grands os ; ils sont associés ici aux cuisses larges et arquées du boxer.

Boxer

Staffordshire américain

Dogue allemand

OREILLES

Ses oreilles sont un mélange de celles du Staffordshire américain, attachées haut et écartées de la tête, et de celles du dogue allemand, également attachées haut, de taille et d'épaisseur moyennes, repliées vers l'avant.

Staffordshire américain

Son “pedigree”

Staffordshire américain
Boxer
Dogue allemand
Bullmastiff

Boxer

PELAGE

Le poil est court, serré, épais, brillant et raide. La robe bringée et blanche rappelle aussi bien le boxer que le bullmastiff ou le dogue allemand.

Bullmastiff

Dogue allemand

Staffordshire américain

CORPS

L'impression générale de force et le cou légèrement cambré évoquent le Staffordshire américain. Le boxer apporte une touche de légèreté au corps, tout comme la poitrine profonde et le ventre légèrement levretté.

Boxer

Australo-gallois nain

Ce petit chien possède un corps allongé comme le terrier du Norfolk et le terrier australien. Ses membres sont longs comme ceux du terrier gallois, avec les marques feu du pinscher nain. Quel que soit le croisement, il a toutes les caractéristiques propres aux terriers : il est plein d'entrain, robuste et vif. Il adore être dehors par tous les temps. S'il s'ennuie, il risque de faire des bêtises et de japper. Il a tendance à pourchasser les petits animaux.

Terrier du Norfolk

TÊTE

Le crâne large est légèrement arrondi sur le dessus. Il a une forme de coin à l'extrémité aplatie comme chez le terrier du Norfolk. La tête est allongée comme celle du terrier australien, avec un museau aussi long que le crâne.

Terrier australien

Terrier australien

CORPS

Le dos est long à l'instar de celui du terrier australien et du terrier du Norfolk. Comme chez le terrier gallois, le cou descend jusqu'aux épaules ; la ligne de dos est horizontale, les membres assez longs.

Terrier du Norfolk

Terrier gallois

Pinscher nain

OREILLES

Les grandes oreilles en V sont attachées haut sur le crâne, comme celles du pinscher nain. Mais ces dernières sont dressées, tandis que les oreilles en bouton du terrier du Norfolk, qui ont la même forme, sont tombantes.

Terrier du Norfolk

Son "pedigree"

- Terrier gallois
- Terrier australien
- Pinscher nain
- Terrier du Norfolk

Pinscher nain

PELAGE

Le poil rude et dur du terrier gallois est serré ; il recouvre un sous-poil. Le Norfolk a le poil droit avec une crinière sur le cou et les épaules. Le pinscher nain est noir avec des marques feu sur les membres, la poitrine et la face.

Terrier du Norfolk

Terrier gallois

Terrier du Norfolk

QUEUE

Le terrier australien et le terrier du Norfolk ont tous les deux la queue courte et épaisse, attachée haut. Ils la portent à la verticale ou vers l'arrière.

Terrier australien

Les chiens de berger

Malabeau

Grand et puissamment bâti, vif, le malabeau compte très certainement beaucoup de chiens de berger parmi ses ancêtres : sans doute un beauceron et un berger australien, ainsi qu'une race du Grand Nord – peut-être un malamute ou un chien finnois de Laponie. Ses oreilles ne trahissent-elles pas également un soupçon de terrier irlandais ? En outre, ce chien est assez réservé, comportement typique des chiens de berger et des races nordiques. Il a besoin de se dépenser et doit absolument être dressé correctement, car c'est un caractère potentiellement dominant. Néanmoins, s'il est distant envers les étrangers, il s'attache énormément aux personnes de son entourage immédiat, se montrant à la fois affectueux et protecteur.

Terrier irlandais

OREILLES
Implantées haut et repliées sur le haut du crâne.

Malamute

QUEUE
Longue et épaisse, comme celle du beauceron ; bien fournie et enroulée comme celle des races nordiques.

Chien finnois de Laponie

Beauceron

Beauceron

PATTES
Membres puissants et musclés, pieds arrondis, qui rappellent à la fois ceux du beauceron et du malamute.

Malamute

Son “pedigree”

- Beauceron
- Malamute/ chien finnois de Laponie
- Berger australien
- Terrier irlandais

Malamute

CORPS

Poitrine large et puissante qui évoque celle du beauceron et des races nordiques.

Beauceron

Chien finnois de Laponie

Chien finnois de Laponie

PELAGE

De longueur moyenne comme celui du berger australien. Plus épais sur les côtés de la face, il évoque le finnois, mais la robe noire et feu est celle du beauceron.

Berger australien

Beauceron

Beagi allemand

Un coup d'œil rapide à la tête de ce chien suffit à retrouver au moins l'un de ses ancêtres : le berger allemand. Il est assez rare qu'une race domine autant dans l'apparence physique d'un corniaud. Il n'est pas très courant, non plus, de voir un chien aussi grand avec un corps aussi bas sur pattes. Il vous évoque sans doute le basset hound, mais ses membres parfaitement droits font plutôt penser au beagle. Il a même une petite plage de fourrure blanche sur la poitrine, ce qui ne peut qu'étayer cette hypothèse. Pourtant, son corps long et bas sur pattes n'a rien du beagle, mais rappelle plutôt le welsh corgi. Ce chien plein d'entrain et d'énergie ne se dresse pas aussi bien qu'un berger allemand de race pure ; en effet, il tient du beagle le caractère indépendant des chiens courants.

Berger allemand

TÊTE
100 % berger allemand.

Welsh corgi

QUEUE
Longue et basse comme celle du berger allemand, touffue et incurvée comme celle du welsh corgi.

Berger allemand

Welsh corgi

PATTES
Les antérieurs sont courts comme ceux du welsh corgi, mais droits comme ceux du beagle, avec des pieds forts.

Beagle

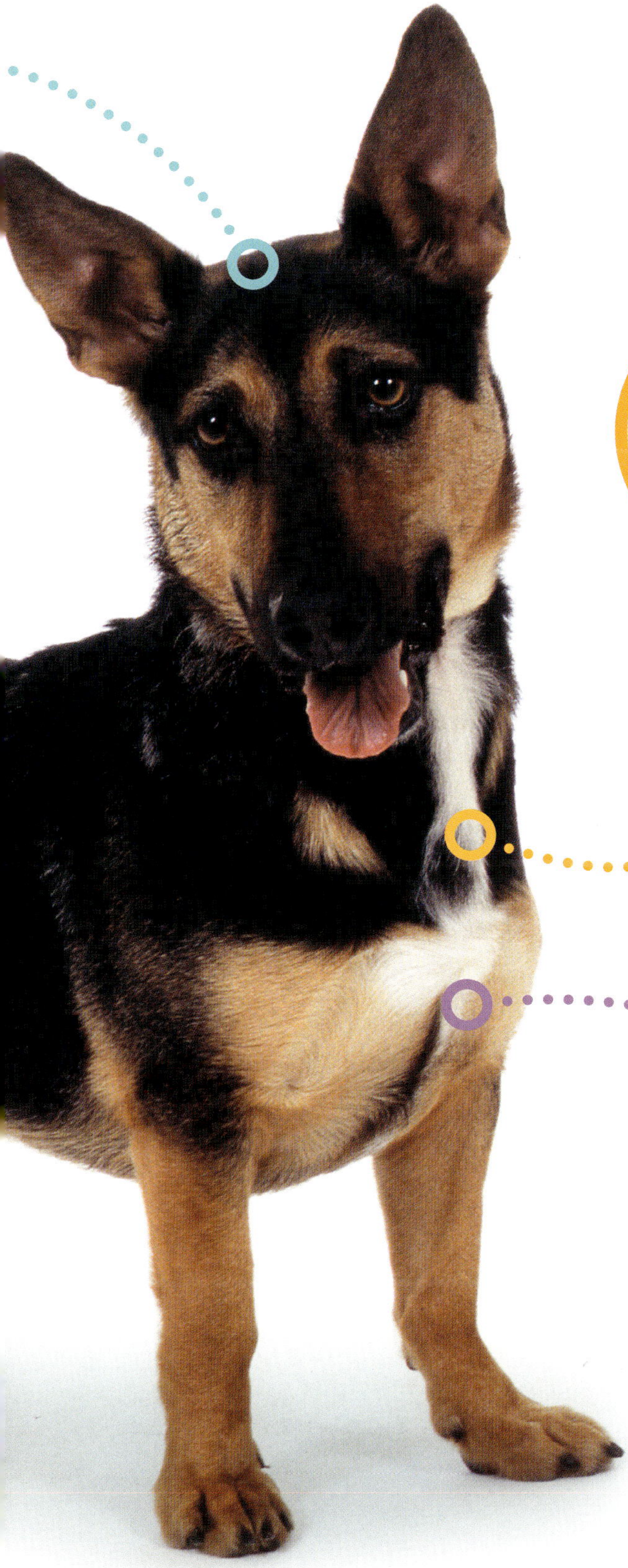

Son "pedigree"

Berger allemand
Welsh corgi
Beagle

Berger allemand

CORPS

Bien plus long que haut, ce qui traduit l'influence du welsh corgi. Le dos long et horizontal est celui du berger allemand.

Welsh corgi

PELAGE

Poil court, serré et relativement rêche, comme celui du beagle. Le manteau noir évoque le berger allemand.

Berger allemand

Beagle

Golden colley belge

Ce chien, qui semble avoir un peu de toutes les races, donne l'impression d'être le fruit d'un croisement entre un malinois (variété de berger belge) et un colley à poil long, avec un pelage similaire à celui du golden retriever. À en juger par ses membres filiformes et son long cou, il a peut-être même un peu de sang de lévrier. Son poil imperméable nécessite un minimum d'entretien si l'on veut qu'il reste beau. Le golden colley belge, très intelligent et actif, ne tient pas en place car il a besoin de se dépenser et de courir. S'il reste enfermé et livré à lui-même dans une maison trop longtemps, il s'ennuiera vite et risquera alors de faire des bêtises.

Malinois

TÊTE

Le museau est légèrement effilé. La tête en forme de coin évoque le colley. Les mâchoires puissantes rappellent le malinois.

Colley

Whippet

CORPS

Le malinois est légèrement plus long que haut, avec une poitrine puissante. Le ventre levretté rappelle le whippet.

Malinois

PATTES

Antérieurs puissants et parallèles, comme ceux du malinois. Les cuisses musclées et les coussinets des pieds sont certainement un héritage du colley.

Colley

Malinois

OREILLES

Une par race ! La droite est triangulaire et tombante comme celle du golden, la gauche semi-dressée comme celle du colley.

Golden retriever

Colley

Son "pedigree"

Colley
Malinois
Golden retriever
Whippet

Golden retriever

PELAGE

Celui du golden : épais et ondulé, avec un sous-poil dense. Du malinois, il a hérité la couleur fauve vif à acajou, avec un peu de blanc sur la poitrine.

Malinois

Colley

QUEUE

La queue frangée du colley est assez longue et portée bas quand il marche. Celle du golden est musclée à la base et légèrement recourbée vers le haut.

Golden retriever

Rhodesian bullspitz

Il est assez rare de voir une robe fauve associée à un museau noir chez un chien de pure race. Dans le cas du Rhodesian bullspitz, cette association fournit un indice précieux sur ses origines, surtout si l'on considère également la forme de ses oreilles. Ces caractéristiques semblent indiquer qu'il tient du bullmastiff, croisé avec une race plus petite et plus légère – peut-être le spitz finlandais ou le buhund norvégien. Le bullmastiff est un chien intelligent et très fidèle, créé dans les années 1800 pour accompagner les gardes-chasse. Néanmoins, sa face plus étroite, la texture de son poil et sa corpulence évoquent le Rhodesian ridgeback, peut-être mâtiné d'un peu de labrador. Ce chien est un compagnon intelligent et fidèle, qui se dresse facilement et qui donnera immédiatement l'alerte si des étrangers s'approchent.

Labrador

Bullmastiff

OREILLES

Les oreilles en V, tombantes, sont attachées haut sur l'arrière de la tête.

Bullmastiff

PELAGE

Le poil court et lisse est celui du bullmastiff. La poitrine plus claire et le museau noir évoquent le buhund.

Buhund norvégien

Bullmastiff

QUEUE

Épaisse et puissante comme le labrador ; attachée bas comme le bullmastiff.

Labrador

Rhodesian ridgeback

TÊTE

Museau plutôt court mais effilé. Tête large qui rappelle celle du ridgeback et des races nordiques.

Buhund norvégien

Spitz finlandais

Son “pedigree”

- Bullmastiff
- Rhodesian ridgeback
- Labrador
- Spitz finlandais/ buhund norvégien

Bullmastiff

CORPS

Le corps musclé, le dos large et la poitrine en forme de tonneau sont caractéristiques de tous ses ancêtres.

Labrador

Rhodesian ridgeback

Boxberger norvégien

Le museau et les oreilles trahissent l'influence de races de berger. Bien que ce chien ressemble un peu au berger allemand et au chien d'élan norvégien, il a le poil relativement court et il est de silhouette plus mince. Son apparence générale évoque aussi l'une des races de bergers belges – peut-être le malinois. Toutefois, sa robe bringée très particulière ne se retrouve chez aucun chien de berger ; elle est propre au boxer, dont le boxberger a aussi la corpulence : une ossature plus légère et un dos plus droit que ceux des chiens de berger. Il n'en garde pas moins toute la vigueur de ces derniers, ce qui signifie qu'il a besoin d'un vaste jardin et qu'il doit aussi pouvoir se dépenser dans de plus grands espaces.

Malinois

Boxer

CORPS
Athlétique, avec un dos relativement droit, rappelant celui du boxer et du malinois.

Berger allemand

QUEUE
Portée assez bas, avec des poils plus longs que sur le corps.

Malinois

PELAGE
Poil court et brillant comme celui du malinois. Robe bringée comme l'est parfois celle du boxer.

Malinois

Boxer

Berger allemand

TÊTE

Puissante et fine, avec un museau effilé correspondant à la moitié de la longueur de la tête.

Chien d'élan norvégien

Malinois

OREILLES

Larges à la base, dressées et un peu écartées, ce qui rappelle à la fois le berger allemand et le chien d'élan.

Chien d'élan norvégien

Berger allemand

Son "pedigree"

- Berger allemand
- Chien d'élan norvégien
- Boxer
- Malinois

Border griffon barbu

Vous vous demandez sans doute comment un chien à l'apparence aussi négligée a pu être classé parmi les chiens de berger. Pourtant, certains d'entre eux ont bel et bien cet aspect… Ce chien ressemble surtout au colley barbu, race créée pour garder les troupeaux de moutons d'Angleterre et d'Écosse. Son poil est néanmoins beaucoup plus court et plus ébouriffé. Il est fort possible qu'un chien courant français à poil rêche, le griffon vendéen, par exemple, fasse également partie de son patrimoine génétique. Le border griffon barbu a besoin d'un brossage rapide quasi quotidien pour éviter que ses poils ne forment des nœuds. Très actif (et ce n'est pas le border collie qu'il a vraisemblablement parmi ses ancêtres qui va tempérer son ardeur), il a besoin de se voir confier une tâche, ne serait-ce que jouer avec les enfants.

Colley barbu

TÊTE

Le crâne large et le museau carré évoquent à la fois le colley barbu et le griffon vendéen.

Griffon vendéen

Border collie

PELAGE

Le poil long et dur qui recouvre un sous-poil isolant est typique du colley barbu et du griffon vendéen, mais la robe noire et blanche évoque davantage le border collie.

Griffon vendéen

Colley barbu

Son "pedigree"

Colley barbu

Griffon vendéen

Border collie

OREILLES

Attachées en arrière et pendantes, comme celles du griffon vendéen ou du colley barbu.

Griffon vendéen

Colley barbu

Border collie

CORPS

Taille moyenne, un peu plus long que haut, avec une cage thoracique arrondie – traits communs au border collie et au griffon vendéen.

Griffon vendéen

PATTES

Le poil plus court sur les pattes évoque plutôt le border collie, mais les grands pieds sont caractéristiques du griffon vendéen.

Border collie

Griffon vendéen

Golden butervita

Preuve qu'un corniaud peut être très élégant, ce chien à l'étonnant pelage rouge doré laineux et aux yeux vifs et ronds a belle allure. Son héritage nordique n'est pas démenti par sa jolie queue rousse enroulée et son adorable tête. Il a aussi du chien de berger – certainement du tervueren. La texture de son pelage rappelle celle du golden retriever. Ce dernier se retrouve également dans son caractère. C'est un compagnon alerte, facile à dresser et gentil. Il n'a qu'une envie : faire ce que vous lui demandez.

TÊTE
Tête longue et élégante, avec un museau pointu et rond, et des yeux vifs.

Buhund norvégien

Tervueren

QUEUE
Bien fournie et portée bas avec une courbe douce, comme celle du golden ou du tervueren.

Golden retriever

Tervueren

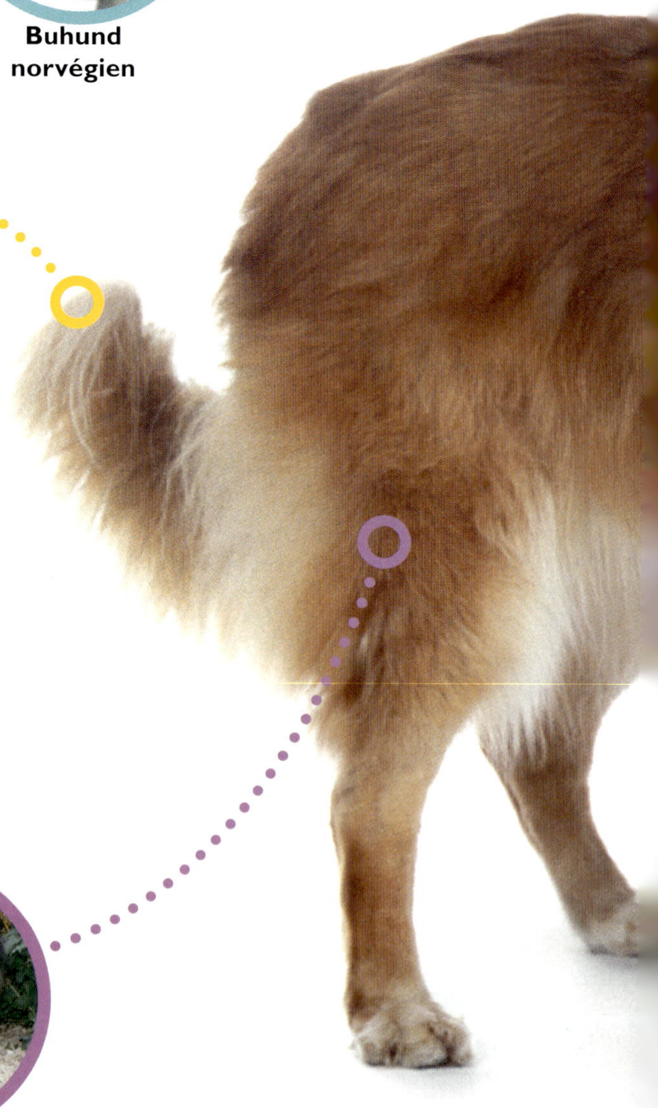

PELAGE
Le poil relativement long et droit et la couleur dorée évoquent le golden retriever, mais le roux plus foncé rappelle le buhund. Le cou, la poitrine et la queue très frangés sont typiques du tervueren.

Golden retriever

Buhund norvégien

Tervueren

Akita

Buhund norvégien

OREILLES
Les oreilles dressées, bien fournies à la base, sont écartées.

Tervueren

Akita

Golden retriever

CORPS
Le dos large et horizontal et le corps puissant dans son ensemble évoquent à la fois l'akita et le golden.

Son "pedigree"

Akita
Golden retriever
Buhund norvégien
Tervueren

Boxbull hongrois

Ce chien a l'air déterminé et sûr de lui : il le doit à ses ancêtres probables que sont le berger allemand et le pitbull. C'est un compagnon loyal qui peut se révéler un farouche gardien. Il devra être bien dressé, au risque de devenir agressif avec les autres chiens. Il peut aussi être très joueur, trait de caractère qu'il a hérité du boxer et du braque hongrois (un chien de chasse typique des races hongroises), ce qui ne peut que faciliter son dressage et ajouter à son dynamisme.

Boxer

Pitbull

OREILLES

Triangulaires, attachées haut comme celles du pitbull et repliées vers l'avant comme celles du boxer.

Berger allemand

PELAGE

Court et brillant, avec des reflets roux comme le braque hongrois, mais en plus long, ce qui rappelle le berger allemand.

Braque hongrois

Berger allemand

PATTES

Les postérieurs sont posés loin derrière le corps, comme ceux du berger allemand, mais les cuisses larges et arrondies sont celles du boxer.

Boxer

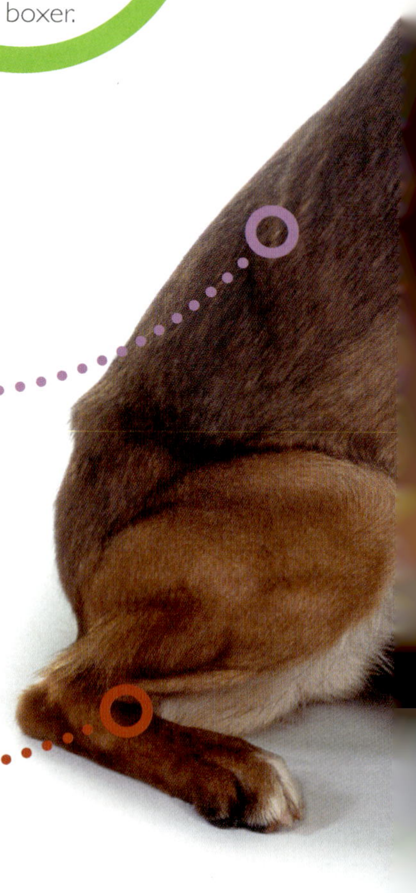

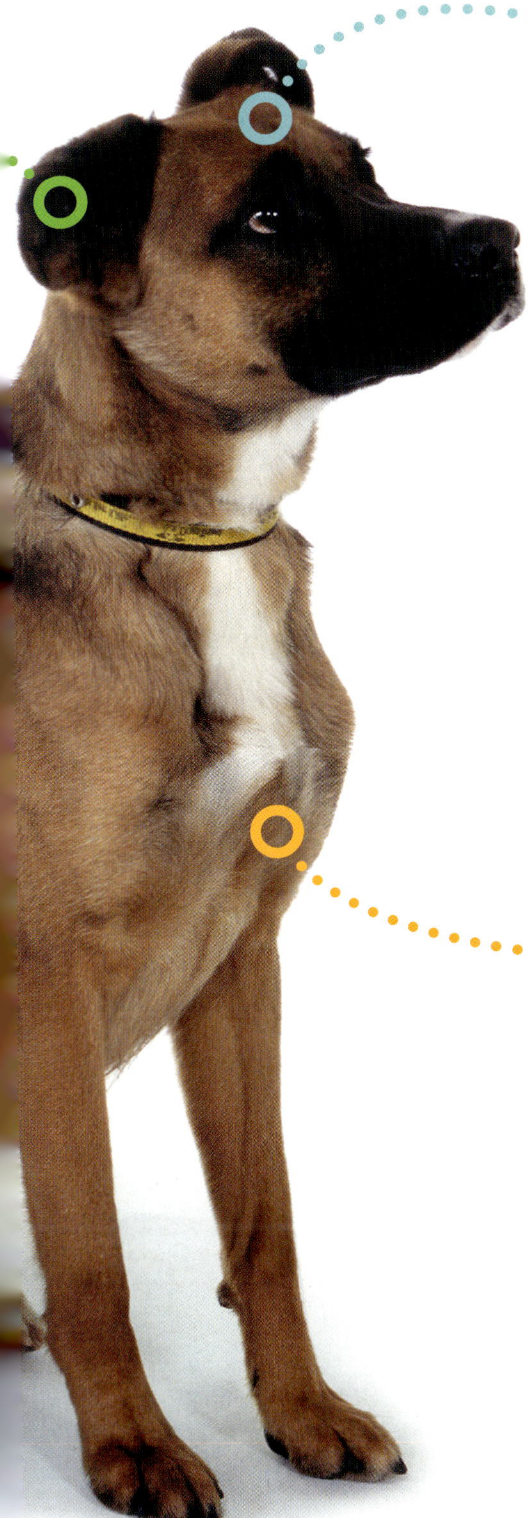

Berger allemand

TÊTE

Le crâne carré, plat sur le dessus, aux mâchoires puissantes, est celui du pitbull. La tête en forme de coin au museau effilé évoque le berger allemand, mais les joues ciselées sont celles du braque hongrois.

Braque hongrois

Pitbull

Berger allemand

CORPS

Puissant et musclé ; le dos est légèrement incliné vers l'arrière : tout évoque le berger allemand et le pitbull.

Pitbull

Son "pedigree"

- Boxer
- Berger allemand
- Pitbull
- Braque hongrois

Berger collinois

Voilà un chien qui a tout à fait l'aspect d'un berger allemand modèle réduit, mais sa légèreté laisse à penser qu'il a aussi un peu de sang de colley (plus précisément de colley à poil lisse ou ras). L'influence de ces deux races de chiens de berger est évidente lorsqu'on voit de quelle façon il réagit au dressage, c'est-à-dire très bien. Énergique et joueur, c'est le chien idéal pour une famille avec des enfants, surtout dans une maison comprenant un jardin. Il a également besoin d'être promené dans un endroit où il pourra être lâché et se dépenser à son aise.

TÊTE
La tête du berger allemand est bien dessinée et le crâne se poursuit par un long museau légèrement plat à son extrémité. Celle-ci est néanmoins un peu plus étroite et rappelle davantage celle du malinois.

Berger allemand

Malinois

PELAGE
La couleur – manteau et marques noires sur la face, reste du corps feu – est celle du berger allemand. Mais les plages blanches sur les pieds et la poitrine rappellent le colley. Le noir intense du manteau évoque le doberman.

Doberman

Berger allemand

Colley

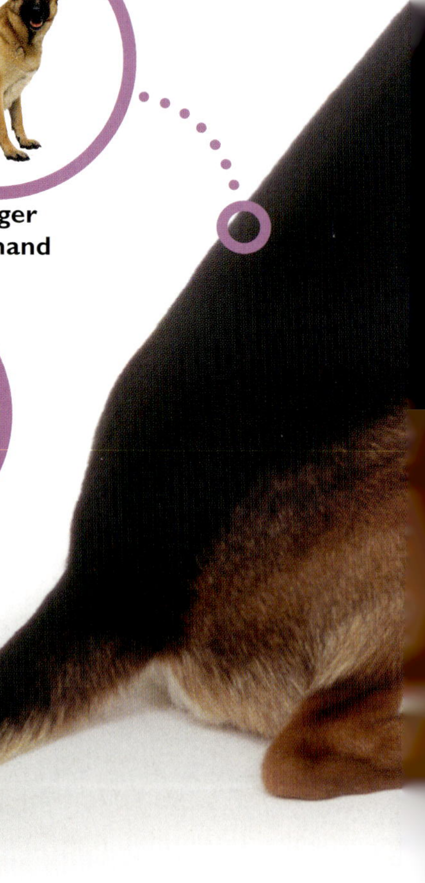

Berger allemand

QUEUE
Comme celle du berger allemand et du malinois, elle est longue, épaisse et frangée. Elle est tombante et légèrement courbée, portée bas, sauf quand le chien est énervé.

Malinois

Son "pedigree"

- Berger allemand
- Colley
- Malinois
- Doberman

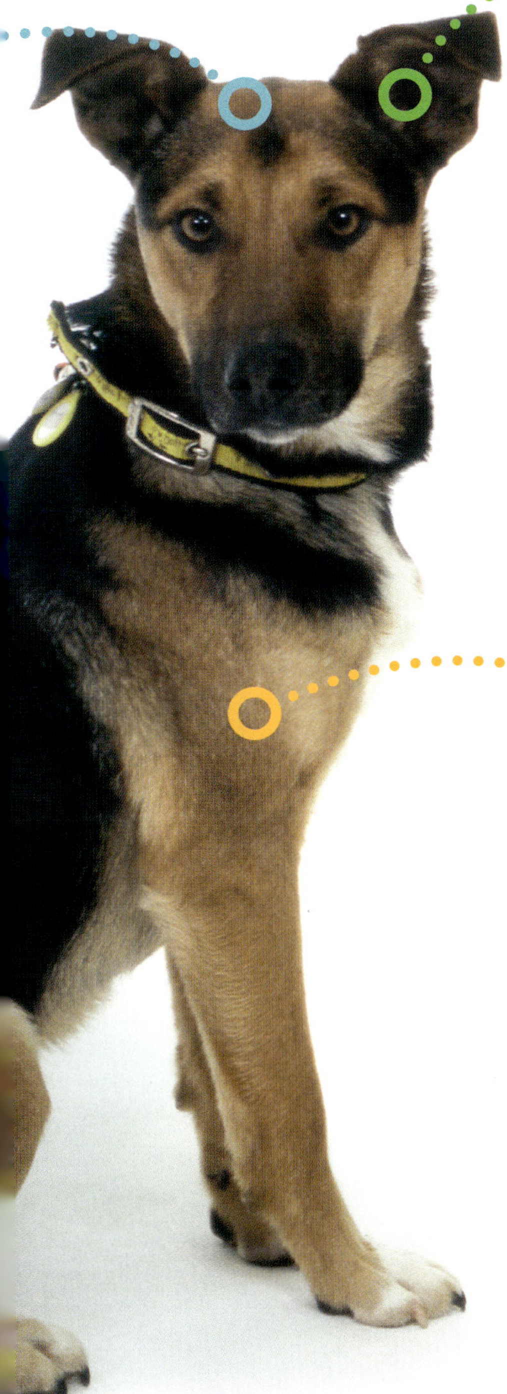

OREILLES

Ce sont incontestablement des oreilles de colley : écartées, triangulaires et dressées aux trois quarts environ.

Colley

Colley

CORPS

Le cou musclé rond et moyennement long et les épaules légèrement surélevées par rapport à la croupe évoquent le berger allemand, tout comme le dos droit et le rein légèrement arrondi. Mais l'ensemble du corps est plus léger et rappelle davantage le doberman et le colley.

Doberman

Berger allemand

Grand border labrador

Il est rare de voir un chien dont les marques faciales sont parfaitement coupées en deux par le milieu. Chez ce chien, ce détail est frappant. Sa robe évoque celle des bouviers suisses, plus particulièrement le grand bouvier suisse car le poil est court. Le colley et le border collie peuvent eux aussi avoir le poil long ou court. Le mélange des diverses races donne un chien bien équilibré, gentil, qui aime qu'on s'intéresse à lui et qui s'adapte très bien à la vie de famille.

Labrador

Grand bouvier suisse

TÊTE

Les oreilles sont très écartées, les joues bien dessinées et les babines fermes mais descendant jusqu'au-dessous de la mâchoire. Ces traits sont propres à la fois au labrador et au grand bouvier suisse.

Colley

Grand bouvier suisse

Border collie

PELAGE

Il rappelle le colley et le border collie : un poil double, avec un poil de couverture droit, plat et imperméable, et un sous-poil dense. La robe est celle du grand bouvier : noire, blanche et feu, avec du noir sur le haut du corps et des oreilles.

Border collie

Grand bouvier suisse

QUEUE

La queue longue et épaisse est portée bas, sauf quand le chien est énervé. L'extrémité est très fournie.

Border collie

OREILLES

Le colley a les oreilles en V, terminées par une pointe et naturellement repliées tout près de leur extrémité. Celles du border collie peuvent être dressées, tombantes ou repliées.

Colley

Border collie

Colley

CORPS

Le border collie a la poitrine large et une bonne capacité pulmonaire. Le colley a un corps rectangulaire (un peu plus long que haut), comme le grand bouvier suisse. Ce dernier, assez haut sur pattes, a le dos droit.

Grand bouvier suisse

Son “pedigree”

Grand bouvier suisse

Border collie

Colley

Labrador

Border collita

Parmi les ancêtres de ce chien, figurent deux races de colleys et la plus grande race japonaise, l'akita. Le mystère reste entier quant aux autres branches de son arbre généalogique. Mais l'apport de ces races est visible dans le pelage épais, qui nécessite un entretien assez rigoureux. Ce chien est d'un naturel méfiant, surtout vis-à-vis des étrangers ; ce n'en est pas moins un compagnon fidèle. L'akita a tendance à être agressif avec les autres chiens, mais ce défaut peut être contrebalancé par le caractère plus doux du colley.

OREILLES
Le border collie peut avoir les oreilles dressées ou tombantes. Si elles sont tombantes, elles ne doivent pas être trop grandes ni pendre comme celles des chiens courants.

Border collie

CORPS
Gros et musclé, avec une poitrine large et profonde, le dos horizontal. Il évoque l'akita. Comme le border collie, il est athlétique et un peu plus long que haut, avec des hanches et des cuisses puissantes.

Border collie

Akita

Akita

QUEUE
L'akita a une grande queue bien fournie, attachée haut et nouée, le poil dense, droit et rude. La queue du colley est très fournie ; l'extrémité remonte en formant une spirale.

Colley

TÊTE

Elle est aussi raffinée que celle du colley – en forme de coin effilé, qui se termine par un museau bien arrondi. Mais elle est un peu plus large et plus plate, ce qui évoque plutôt le border collie.

Colley

Border collie

Son “pedigree”

Colley
Akita
Border collie

PELAGE

Il a le poil double de l'akita, avec un sous-poil épais et un poil de couverture droit, rude et dressé. Cependant, il a un peu trop de marron et de noir pour un akita ; sa couleur rappelle donc davantage celle du colley.

Colley

Akita

Rottamute tervallemand

L'influence de grands chiens de travail est très nette. La tête évoque le rottweiler et la densité du poil rappelle celle du malamute d'Alaska, mais ce chien a incontestablement quelque chose du chien de berger. Il a besoin d'espace pour courir. Très actif, il doit être dressé et occupé. C'est aussi un gardien vigilant. S'il est généralement docile avec les adolescents, sa force physique n'est pas adaptée aux jeunes enfants, même si sa grande taille lui permet de supporter leurs jeux un peu brusques.

Rottweiler

TÊTE
Celle du rottweiler est de longueur moyenne. Le crâne est large et les oreilles écartées, le cou puissant et musclé. Celle du malamute est un peu arrondie entre les oreilles, avec un grand museau épais.

Malamute

Malamute

PELAGE
Le poil du tervueren est long, droit et dense. Celui du malamute est de longueur moyenne et très épais. La robe est celle du berger allemand : feu avec un manteau noir et des marques noires sur la tête.

Tervueren

Berger allemand

Tervueren

Rottweiler

PATTES
Les membres puissants, droits et parallèles rappellent ceux du rottweiler et du tervueren. Les grands pieds compacts sont ceux du malamute.

Malamute

Berger allemand

OREILLES

Elles sont un croisement entre les grandes oreilles en V du berger allemand, dressées et implantées sur les côtés de la tête, et les oreilles tombantes du rottweiler, elles aussi écartées mais pendant vers l'avant.

Rottweiler

Berger allemand

CORPS

La poitrine large, profonde et ample rappelle celle du rottweiler. Le dos droit et le fait qu'il soit plus long que haut évoque plutôt le berger allemand.

Rottweiler

Son “pedigree”

- Berger allemand
- Rottweiler
- Malamute
- Tervueren

Les chiens courants et les lévriers

Whipodenco mancunien

Ce chien appartient de toute évidence à une lignée de lévriers – sélectionnés pour poursuivre le gibier en le suivant des yeux et non en flairant sa trace. Son corps, la forme de sa tête et sa croupe fuyante sont autant d'indices laissés par ses ancêtres. Il semble tenir du whippet, bien que ses oreilles dressées (dites « en flamme de bougie ») très particulières évoquent aussi le podenco d'Ibiza. C'est un compagnon agréable avec son entourage ; cependant, comme tous les lévriers, il se méfie des étrangers et peut paraître distant. Certes, il adore courir après tout ce qui bouge, mais malgré son allure athlétique, il n'a pas énormément besoin de se dépenser car il préfère les pointes de vitesse aux courses de longue distance. Lui conserver son aspect très soigné ne demande pas trop de travail : une simple brosse souple en nylon suffit. Lorsqu'il fait froid ou humide protégez-le avec un manteau.

Whippet

TÊTE

Fine et élégante comme chez tous les lévriers. Les grands yeux sombres évoquent le whippet. Le long museau lisse légèrement bombé est celui du podenco d'Ibiza.

Podenco d'Ibiza

Whippet

PATTES

Fines et puissantes comme celles du whippet, avec des postérieurs très peu arqués. Comme chez le terrier de Manchester, les antérieurs sont droits, les cuisses musclées et les pieds compacts.

Terrier de Manchester

Son "pedigree"

Whippet

Podenco d'Ibiza

Terrier de Manchester

OREILLES
Ses oreilles sont grandes, pointues et toujours dressées.

Podenco d'Ibiza

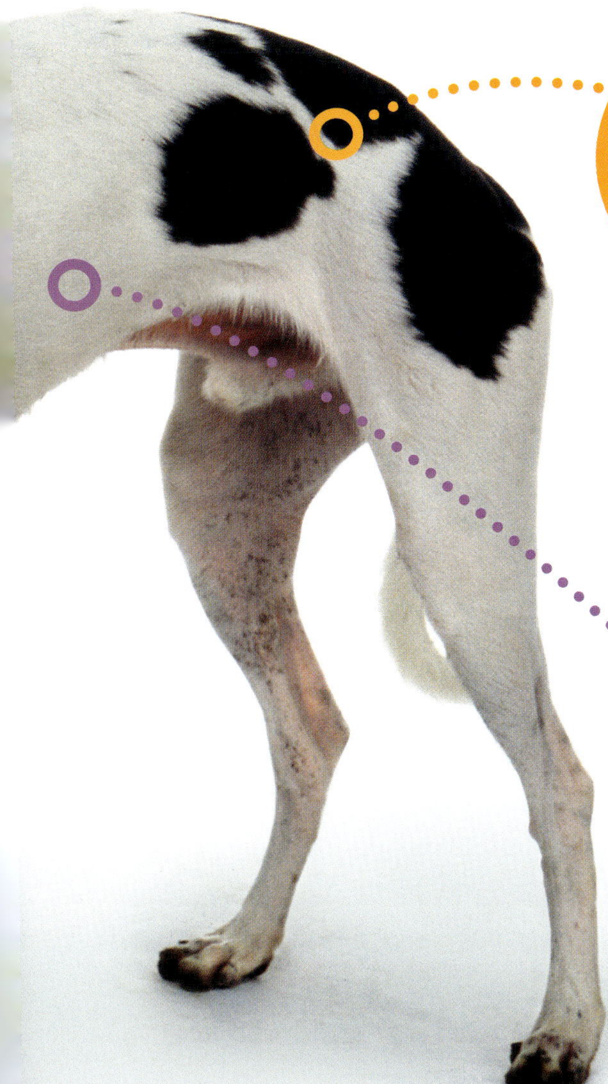

Whippet

PELAGE
Le pelage de ce chien est le témoignage d'un noble métissage. Comme celui du whippet, il est lisse et serré. Comme celui du podenco d'Ibiza, il est court et dur.

Podenco d'Ibiza

CORPS
Le dos dessine une courbe gracieuse au niveau de la croupe. La poitrine descend presque jusqu'aux coudes, comme chez le whippet. La nuque du terrier de Manchester, légèrement arquée, est élégante mais puissante.

Whippet

Terrier de Manchester

Grey Saluppet d'Ibiza

Cet animal élégant a incontestablement du sang de greyhound, mais son ossature est légèrement plus massive que celle d'un pure race. La tête est aussi moins étroite. Son allure typique des lévriers rappelle celle des premiers chiens domestiques. Dès que l'homme a commencé à sélectionner les races, il a souvent choisi le greyhound pour apporter aux races nouvelles légèreté et rapidité. La robe de ce grey saluppet laisse supposer qu'un chien originaire du bassin méditerranéen, comme le podenco d'Ibiza, a apporté sa contribution au patrimoine génétique. La tête et les oreilles évoquent un métissage entre whippet et saluki. Tous ces lévriers sont des chiens dynamiques, indépendants de caractère, qui adorent courir.

CORPS
Le dos long et horizontal évoque le podenco d'Ibiza. La poitrine profonde et le ventre levretté rappellent plutôt le greyhound.

Greyhound

Podenco d'Ibiza

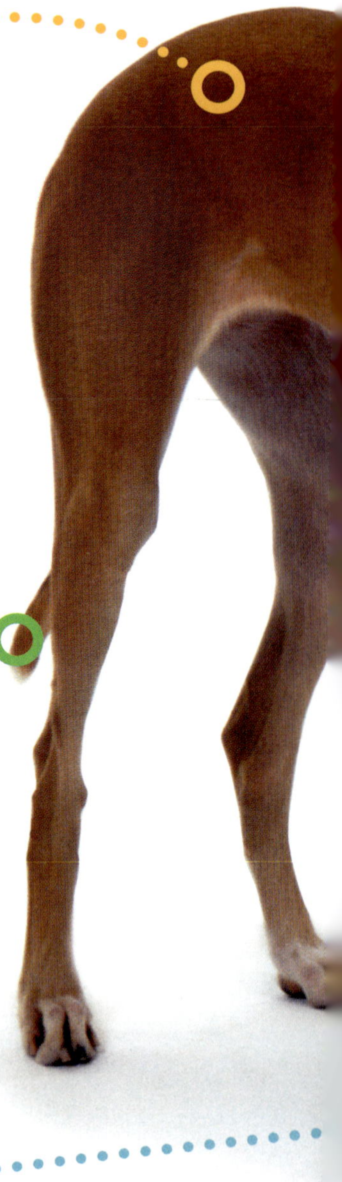

QUEUE
Longue et portée assez bas, effilée, légèrement recourbée vers le haut.

Greyhound

Podenco d'Ibiza

PATTES
Les antérieurs droits et les postérieurs musclés évoquent le saluki. Les genoux puissants, ainsi que les pieds serrés, sont typiques du whippet.

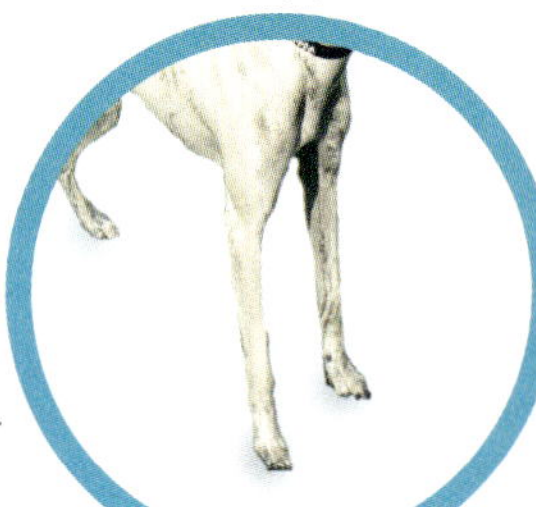

Whippet

Saluki

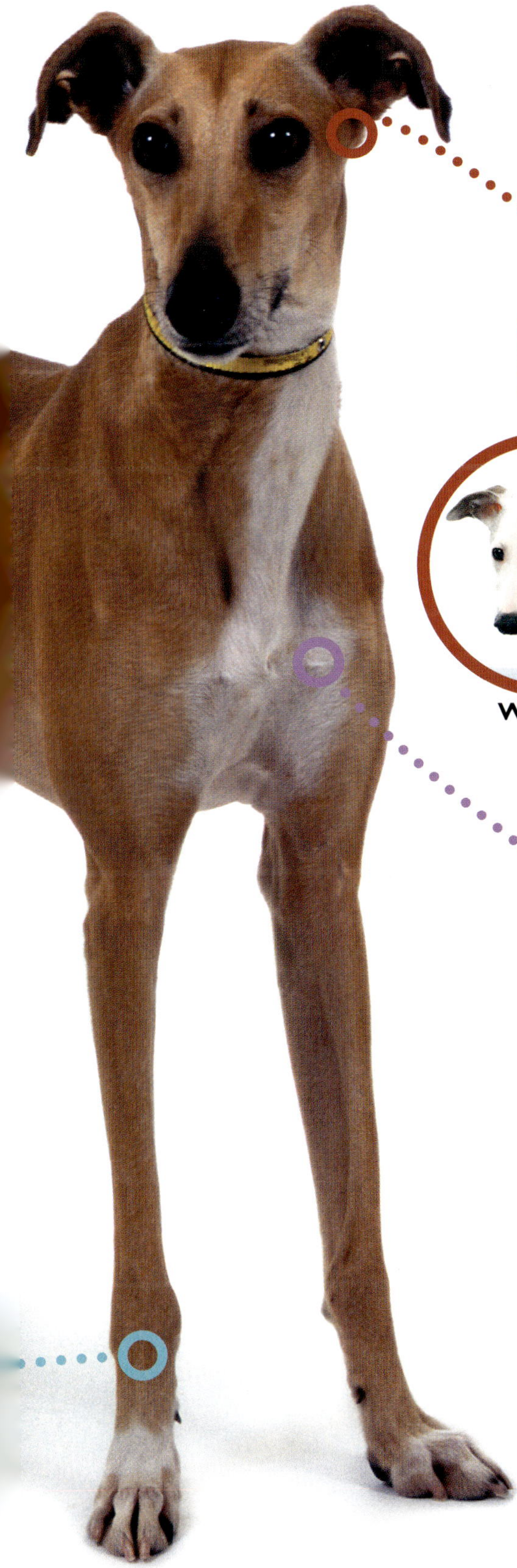

Greyhound

TÊTE
Le long museau évoque le greyhound, les oreilles le whippet et le dessus de crâne plat le saluki.

Whippet

Saluki

Son "pedigree"

Greyhound

Podenco d'Ibiza

Saluki

Whippet

PELAGE
Poil court et lisse. La robe châtain et blanche est celle du podenco d'Ibiza.

Podenco d'Ibiza

Greyhound

Whippet

Lévrier écolabradais

La texture assez rêche du pelage est désignée sous le nom de poil dur. Cette caractéristique est commune à de nombreux terriers et à quelques autres races. Elle les protège des blessures lorsqu'ils courent dans les fourrés. L'aspect ébouriffé de ce chien est accentué par la barbe que forment les poils plus longs sous le menton. Sa grande taille laisse penser qu'il a du sang de lévrier écossais ou irlandais, voire des deux. Il est puissamment bâti et doué pour la course. La forme de sa queue et sa tête relativement large suggère également la présence de chiens de chasse parmi ses ancêtres, peut-être un braque allemand. Il aurait aussi un peu du labrador. C'est un chien plein de fougue, qui adore la vie au grand air.

Lévrier écossais

TÊTE
Il a les mâchoires puissantes du labrador, le museau carré et barbu du lévrier écossais, et la tête anguleuse du braque allemand à poil court.

Labrador

Braque allemand à poil court

PATTES
Les antérieurs terminés par de longs pieds et la puissance des longs postérieurs et du dos rappellent à 100 % le lévrier.

Lévrier irlandais

Lévrier écossais

Lévrier écossais

Lévrier irlandais

PELAGE

Le poil dur, rêche et ébouriffé, et la robe gris bleuté rappellent les lévriers à poil long.

Lévrier écossais

QUEUE

Bien fournie, comme celle du lévrier écossais, épaisse et effilée comme celle du labrador.

Labrador

Lévrier écossais

CORPS

La poitrine large et profonde est celle du braque allemand ; le corps a le côté longiligne et la puissance du lévrier écossais.

Braque allemand à poil court

Son “pedigree”

Lévrier écossais
Labrador
Lévrier irlandais
Braque allemand à poil court

Basset corgle

Ce chien a la tête du welsh corgi, le corps du basset hound, et les yeux et la queue du beagle. Bien évidemment, les choses ne sont pas si simples. Comment trois chiens auraient-ils pu s'accoupler pour produire ce petit corniaud ? Comme tous les corniauds, il est le fruit d'un mystérieux métissage, même si certains traits nettement marqués laissent clairement supposer un mélange de chien courant (chien qui chasse en utilisant son flair) et de chien de berger. Son tempérament l'atteste : il est plein de fougue (comme les chiens de berger) mais assez entêté (comme les chiens courants). Il n'est pas facile à dresser… Il vous faudra persévérer. Il doit impérativement se dépenser pour ne pas grossir outre mesure.

Welsh corgi

TÊTE

Les joues plates et le museau puissant, pointu, évoquent le welsh corgi, mais le crâne long et les grands yeux sont typiques du beagle.

Beagle

Basset hound

PATTES

Les membres courts et les pieds ronds rappellent ceux du welsh corgi, mais ils ne sont pas complètement droits ; les pieds sont grands, tournés vers l'extérieur, ce qui évoque plutôt le basset.

Welsh corgi

OREILLES
Grandes, triangulaires, en tulipe, extrémité arrondie.

Welsh corgi

Son "pedigree"

Welsh corgi
Basset hound
Beagle

PELAGE
Le poil plat et assez rude évoque le beagle, mais la couleur de la robe est celle du welsh corgi.

Welsh corgi

Beagle

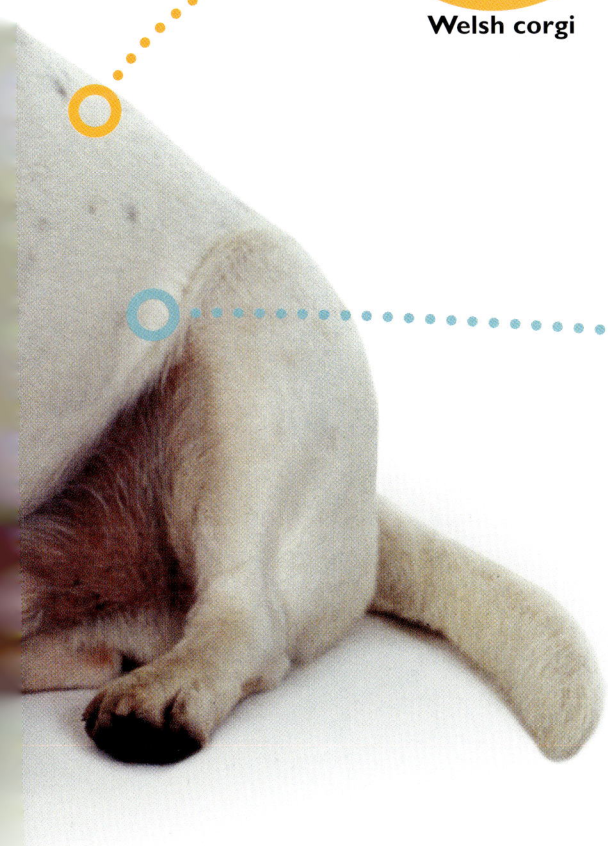

Basset hound

CORPS
Le corps massif et les membres courts sont ceux du welsh corgi. Son côté « pansu » rappelle un peu le corps du basset.

Welsh corgi

Border collippet

La tête, la texture du poil et la robe sont ceux du border collie. Pourtant, ce chien est plus grand et plus fin qu'un border collie. Ces deux aspects donnent à penser qu'un lévrier, un whippet par exemple, est venu apporter son sang. Le border collie peut avoir le poil long, court ou entre les deux. Le pelage de ce chien, en revanche, évoque un petit épagneul – comme l'épagneul breton, généralement blanc et roux, mais parfois aussi noir et blanc. Nous avons donc affaire à un mélange de chien de troupeau, de chien de chasse et de lévrier. Le border collippet adore gambader. Son plus grand bonheur est de pouvoir courir en liberté.

TÊTE
Crâne légèrement bombé, de longueur moyenne. Museau effilé et yeux vifs, au regard intense. Sa parenté avec le border collie est évidente.

Border collie

PATTES
Les antérieurs droits et fins, et les cuisses musclées sont caractéristiques du whippet. Les pieds ronds et les doigts cambrés évoquent plutôt le colley.

Colley

Whippet

Border collie

Whippet

OREILLES
Semi-dressées, ce sont celles du colley et du border collie, leur espacement rappelle le whippet.

Colley

Whippet

CORPS
Le corps étroit et la croupe fuyante évoquent le whippet, mais, vu de devant, ce chien ressemble davantage au border collie et à l'épagneul breton.

Border collie

Épagneul breton

PELAGE
Il a le poil ondulé de l'épagneul breton, de longueur moyenne, avec des franges, mais son aspect général évoque plutôt le border collie.

Épagneul breton

Border collie

Son "pedigree"

- Border collie
- Whippet
- Colley
- Épagneul breton

Terrier d'Ibiza

Ce chien est apparemment issu d'un croisement entre une race de la famille des chiens courants et des lévriers, et un terrier. Il est grand et mince comme un lévrier, mais son poil dur fait immanquablement penser à un terrier – même si quelques lévriers et chiens courants possèdent aussi ce type de poil. On pense d'abord au lévrier irlandais, puis, à cause de ses grandes oreilles, au podenco d'Ibiza, ce dernier ayant dans de rares cas le poil dur. Évidemment, il se peut que l'explication soit plus simple : ce chien pourrait avoir parmi ses ancêtres un grand terrier au pelage roux, comme le terrier irlandais. Il ne se plaît pas en ville car il a besoin de fouiner et de se dépenser. Ses origines en font aussi un chien méfiant vis-à-vis des étrangers.

Lévrier irlandais

TÊTE

Le crâne long, au museau long et assez pointu, ressemble à celui du lévrier irlandais. Les yeux brun foncé et le regard intense évoquent le terrier irlandais.

Terrier irlandais

CORPS

Le long dos est celui des deux races irlandaises. Le ventre levretté est typique du lévrier, la légère cambrure de la ligne du dessus rappelle le podenco d'Ibiza.

Terrier irlandais

Lévrier irlandais

Podenco d'Ibiza

OREILLES
Grandes oreilles dressées 100 % podenco d'Ibiza.

Podenco d'Ibiza

Lévrier irlandais

Son "pedigree"

- Lévrier irlandais
- Terrier irlandais
- Podenco d'Ibiza

PELAGE
Le poil dense et dur, serré, ni crépu ni bouclé, d'un roux flamboyant évoque le terrier irlandais. Le lévrier irlandais peut aussi être roux, mais son poil est rude et dur, particulièrement rêche et long au-dessus des yeux et sous la mâchoire.

Terrier irlandais

Lévrier irlandais

QUEUE
La queue est recourbée et bien fournie. Les poils rappellent le lévrier irlandais, la courbe et le fait qu'elle soit attachée bas évoquent le podenco d'Ibiza.

Podenco d'Ibiza

Foxagle Rhodehound

Ce chien alerte et puissamment bâti a tout du chien de chasse. C'est un excellent coureur qui semble ne fournir presque aucun effort, notamment grâce à ses longs membres. Son sang de chien courant lui donne aussi une extraordinaire vigueur : ses ancêtres suivaient le gibier sur de longues distances, se laissant essentiellement guider par leur flair. Il a absolument besoin de se dépenser tous les jours et doit pouvoir courir en liberté. Même s'il a un instinct de chasseur très marqué, du fait de ses origines, c'est un chien très gentil et un excellent compagnon. On se méfiera toutefois de lui en présence de petits chiens, de chats et de petits animaux domestiques.

Rhodesian ridgeback

TÊTE

La tête du foxhound est large mais pas massive. Le cou est dégagé et le museau droit et tronqué. Comme le ridgeback, il a les joues finement ciselées et les oreilles attachées très haut.

Foxhound

PELAGE

Le poil est court, dense, dur et brillant comme celui du foxhound. La robe noire et feu tachée de blanc sur la poitrine et le museau est sans aucun doute celle du beagle.

Foxhound

Beagle

QUEUE

Le foxhound et le beagle ont la queue attachée assez haut, portée gaiement. L'extrémité est légèrement en brosse.

Foxhound

Beagle

Rhodesian ridgeback

Greyhound

CORPS

La croupe et le dos puissants sont ceux du foxhound. La poitrine profonde et large évoque le greyhound, tandis que le corps, un peu plus long que haut, tient du ridgeback.

Foxhound

Foxhound

Greyhound

PATTES

Les membres longs et droits aux articulations puissantes sont caractéristiques du greyhound et du foxhound. Les pieds compacts et fermes, aux coussinets épais et aux doigts très cambrés, sont ceux du ridgeback.

Rhodesian ridgeback

Son “pedigree”

- Foxhound
- Beagle
- Rhodesian ridgeback
- Greyhound

Grey zoïluki écossais

Les longs membres, l'arrière-train puissant, la longue queue en fouet et le ventre levretté de ce chien signent ses origines de lévrier. Il a aussi la poitrine profonde et une bonne capacité pulmonaire, ce qui lui permet d'absorber suffisamment d'oxygène pour accélérer. Ce chien est un sprinter, qui doit être surveillé quand il n'est pas tenu en laisse. Sa taille, son pelage et la forme de sa tête évoquent très nettement des ancêtres comme le greyhound et le lévrier écossais. Peut-être a-t-il aussi un peu de sang exotique dans les veines, par exemple celui de l'élégant barzoï de Russie ou du saluki de Perse.

Lévrier écossais

TÊTE

Large au niveau des oreilles. Museau pointu, comme le lévrier écossais. Comme le barzoï, il a le haut du museau horizontal et une grosse truffe noire.

Barzoï

PELAGE

Le poil du lévrier écossais est rude, dur, long, épais, serré et en broussaille. Le soyeux du poil est dû au saluki, ainsi que ses franges.

Lévrier écossais

Saluki

Saluki

PATTES

Les antérieurs, longs, larges et droits, et l'arrière-train puissant sont typiques du lévrier écossais. Les pieds de longueur moyenne, pas trop compacts et bien cambrés sont ceux du saluki.

Lévrier écossais

Greyhound

Lévrier écossais

OREILLES

Le greyhound et le barzoï ont tous les deux de petites oreilles repliées vers l'arrière au repos, mais ramenées vers l'avant et semi-dressées à l'affût. Les oreilles du lévrier écossais sont toujours plus sombres que la robe.

Barzoï

Son "pedigree"

- Lévrier écossais
- Greyhound
- Barzoï
- Saluki

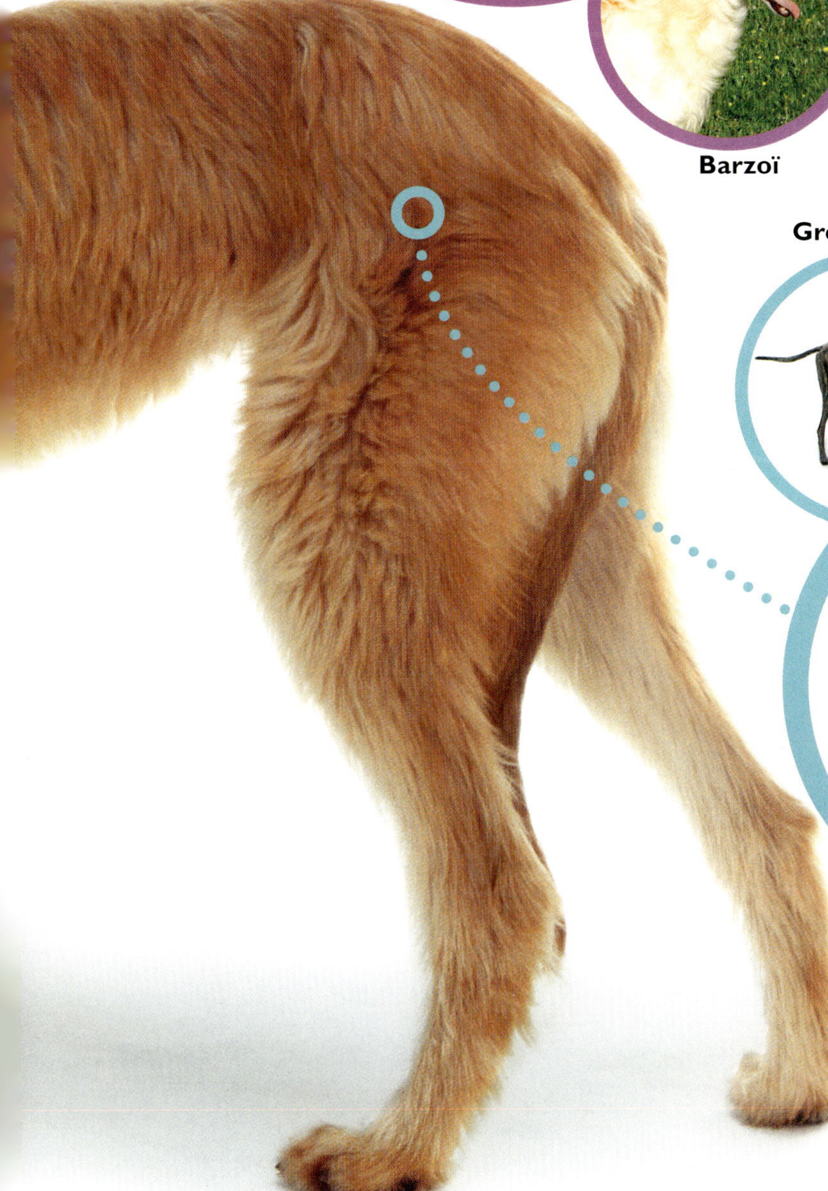

Greyhound

Barzoï

CORPS

Forme typique des lévriers : allure athlétique et capacité pulmonaire importante ; ventre levretté, comme chez le greyhound et le barzoï, bassin large et robuste comme chez le saluki, mais l'ossature et la grande taille évoquent le lévrier écossais.

Saluki

Lévrier écossais

Fox whipspringer

La robe, les longs membres et la corpulence évoquent un chien courant comme le foxhound (ou le chien courant de Hamilton, si on se trouve en Scandinavie). Pourtant, le fox whipspringer a le museau plus long et les oreilles plus petites, attachées plus en arrière de la tête. Il suffit d'observer un fox-terrier à poil lisse pour savoir d'où proviennent ces différences. L'élégance de ce corniaud témoigne également de la présence d'un lévrier dans ses ancêtres. Il se dépense avec une énergie considérable. C'est un chien dynamique et de caractère indépendant. Pour le dresser, il faudra tenir compte du fait qu'il se laisse facilement distraire par les odeurs qui l'intéressent et par les objets en mouvement.

Whippet

TÊTE

Le crâne est long et plat, avec un stop peu marqué entre le front et le museau ; les mâchoires sont puissantes comme chez le fox-terrier. Les oreilles écartées et le museau effilé sont typiques du whippet.

Fox-terrier à poil lisse

PATTES

Le foxhound et le chien courant de Hamilton ont aussi des antérieurs puissants, parfaitement droits. Notez les pieds de chat ronds. Comme chez le whippet, ses membres sont longs par rapport à la taille de son corps.

Whippet

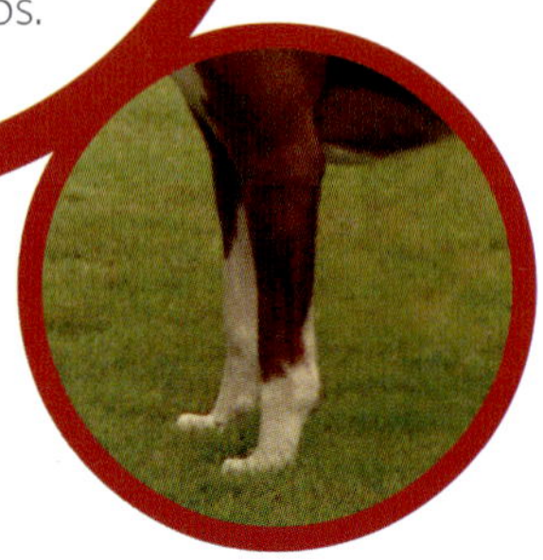

Chien courant de Hamilton

Foxhound

Fox-terrier à poil lisse

OREILLES

Les oreilles en bouton du fox-terrier sont attachées haut comme sur ce chien, mais les oreilles du terrier retombent vers l'avant. Celles-ci tombent sur les côtés, comme les chiens courants.

Foxhound

Son "pedigree"

- Foxhound/chien courant de Hamilton
- Fox-terrier à poil lisse
- Whippet
- Springer anglais

PELAGE

La robe tricolore est typique des chiens courants, tout comme le poil court, rude, dense et brillant. Mais les mouchetures sur les membres évoquent le springer anglais.

Springer anglais

Chien courant de Hamilton

CORPS

La ligne de dos horizontale et les cuisses droites sont typiques des chiens courants, la finesse de l'ossature et le ventre levretté tiennent du whippet.

Chien courant de Hamilton

Foxhound

Whippet

Greydogue Pointer

Le tempérament fougueux et l'allure athlétique de ce chien évoquent des origines associant des chiens courants et des lévriers à des chiens de travail. Il est bâti un peu comme le greyhound, mais la tête est différente. Il compte vraisemblablement d'autres grandes races parmi ses ancêtres, notamment le dogue allemand. La différence entre les deux oreilles illustre bien le caractère aléatoire de la génétique chez les corniauds, mais il faut aussi savoir que les oreilles des jeunes chiens peuvent être repliées dans un premier temps, puis se dresser avec l'âge. Du fait de sa taille, ce chien a impérativement besoin d'être dressé.

Pointer

TÊTE

Comme chez le pointer, le crâne est aussi large que le museau est long. Le museau est puissant ; les babines ne pendent pas. Le crâne est long et un espace important sépare les oreilles écartées, comme chez le greyhound. Yeux ronds, écartés.

Greyhound

PATTES

Les membres longs, fins, puissants ressemblent à ceux du greyhound. Les pieds ovales, aux doigts cambrés et serrés, sont ceux du pointer. Les coudes sont situés à mi-distance entre le haut de l'épaule et le sol, comme ceux du dogue allemand.

Greyhound

Dogue allemand

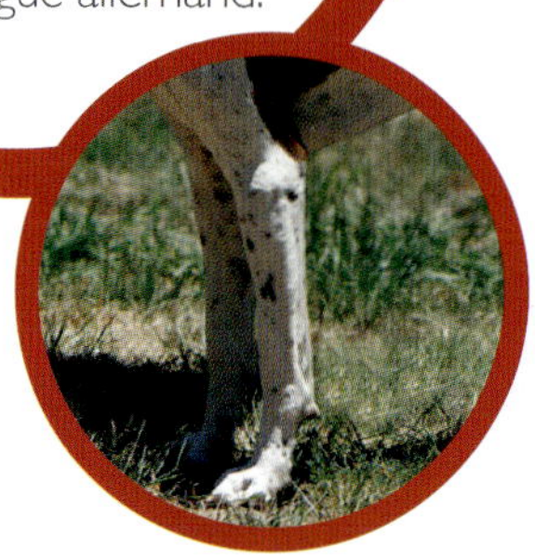

Pointer

Greyhound

Dogue allemand

PELAGE

Le poil est court, épais, net et brillant. La robe du greyhound et du dogue allemand peut arborer diverses couleurs et motifs ; elle peut être bringée et comporter des plages blanches.

Son “pedigree”

Greyhound
Dogue allemand
Pointer

Dogue allemand

Greyhound

CORPS

Ce chien a le corps long et puissant du dogue allemand ; le dos est horizontal, la poitrine large et le cou fort et bien cambré. Comme le greyhound, il est grand et athlétique, avec un ventre levretté.

Pointer

QUEUE

Épaisse à la base, effilée et de longueur moyenne comme celle du dogue allemand. Celle du pointer est plus épaisse à la base et tenue à l'horizontale.

Dogue allemand

Grey zippet Podenco

Qui est ce chien masqué ? On peut avancer sans risquer de se tromper qu'il s'agit d'un lévrier. Les lévriers étaient autrefois utilisés pour chasser cerf, loup et lièvre, tâche pour laquelle ils devaient être rapides et assez grands. Ce sont des sprinters. Idéalement, il faudrait les laisser se dépenser dans de grands espaces dégagés où ils peuvent courir librement, plutôt qu'en terrain boisé où ils n'arrivent pas à prendre vraiment de la vitesse. Il est préférable de lâcher ce genre de chiens loin d'une route et sans petit chien à l'horizon. Ce corniaud calme et affectueux est un excellent compagnon pour toute la famille, mais il reste toujours assez réservé vis-à-vis des étrangers.

TÊTE
Le crâne du whippet est long et mince, avec des oreilles assez écartées. Il se prolonge par un museau effilé mais puissant. Le barzoï possède une grosse truffe.

Barzoï

Whippet

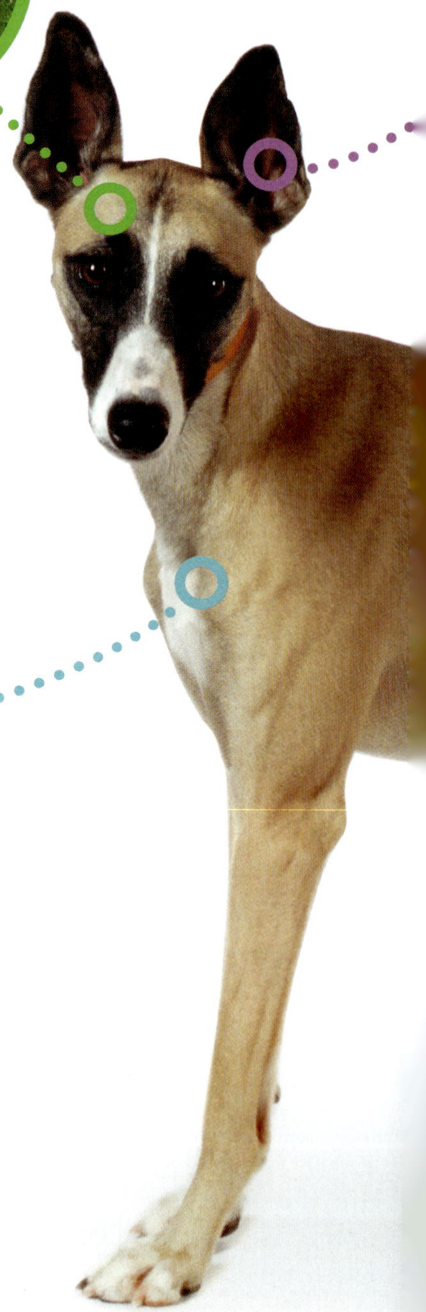

CORPS
Le dos musclé du barzoï est horizontal, la poitrine profonde et le ventre très levretté. Le greyhound a le cou long, puissant et cambré. Ce sont de grands chiens, hauts sur pattes.

Barzoï

Greyhound

OREILLES

Ce sont celles du podenco d'Ibiza : grandes, dressées, arrondies à leur extrémité et attachées sur le dessus du crâne.

Podenco d'Ibiza

Son "pedigree"

Greyhound

Barzoï

Whippet

Podenco d'Ibiza

Greyhound

PELAGE

Le poil lisse et court dessine bien les contours du corps, comme chez le greyhound et le whippet. La couleur feu est typique du greyhound. Le masque caractérise le barzoï.

Whippet

Barzoï

Barzoï

QUEUE

La queue, de longueur moyenne, est effilée. Elle est portée bas, comme celle du podenco d'Ibiza. Elle décrit une courbe gracieuse comme celle du barzoï.

Podenco d'Ibiza

Lévrier greyhéco

Ce chien est bâti pour courir vite. Il a de toute évidence une bonne part de sang de greyhound, même s'il est légèrement plus lourd qu'un lévrier de pure race. Compte tenu de sa grande taille, il a peut-être aussi du lévrier écossais. Son pelage est assez original : le poil est plus long sur le dos, ce qui fournit un indice supplémentaire sur ses origines. Le museau poivre et sel témoigne d'un âge déjà avancé. Adopter un chien âgé présente plusieurs avantages : l'apprentissage de la propreté est fait, de même que le dressage ; moins fougueux qu'un jeune, ce grand chien athlétique s'adaptera plus facilement à la vie urbaine.

Lévrier écossais

OREILLES

Oreilles en rose, de taille moyenne, attachées haut sur les côtés, comme chez beaucoup de lévriers.

Greyhound

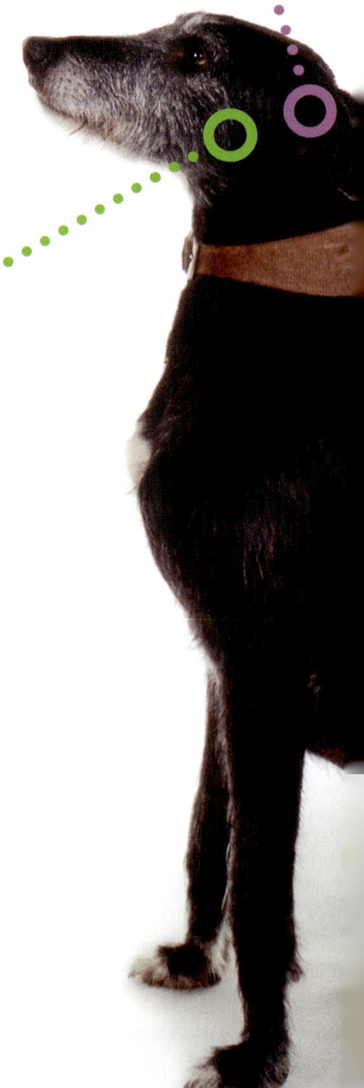

Lévrier écossais

TÊTE

La longue tête étroite est typique des lévriers. Comme chez le greyhound et le lévrier écossais, c'est entre les oreilles qu'elle est le plus large. Le museau effilé se termine en pointe au niveau de la truffe.

Greyhound

Son "pedigree"

- Greyhound
- Lévrier écossais
- Caniche moyen
- Chien d'eau irlandais

Chien d'eau irlandais

Lévrier écossais

Caniche moyen

PELAGE

Le poil est un croisement entre le poil dur et rude du lévrier écossais et le poil plus bouclé et plus doux du caniche moyen et du chien d'eau irlandais.

Caniche moyen

Chien d'eau irlandais

CORPS

Le corps puissant, de longueur moyenne, évoque le chien d'eau irlandais. Le cou puissant et long, et l'arrière-train musclé rappellent le caniche moyen.

Greyhound

Chien d'eau irlandais

QUEUE

Étroite et presque sans poils, elle est effilée et se termine en pointe, comme celle du greyhound, mais elle est plus courte, comme celle du chien d'eau.

Dobergrey rottbeau

Ce chien ressemble à un doberman qui aurait été croisé avec un rottweiler lui-même croisé avec un greyhound : cette supposition vaut ce qu'elle vaut. Le beauceron, chien de berger et de garde français, fait peut-être aussi partie du mélange. Ce corniaud a une robe noire et feu similaire et il n'est pas aussi léger que le doberman ni aussi lourd que le rottweiler. C'est un chien fort et athlétique. S'il ne court sûrement pas aussi vite que le greyhound, sa grande taille lui permet néanmoins de se déplacer très vite. Il est plutôt têtu, mais il suffit de le dresser pour qu'il devienne un merveilleux compagnon.

TÊTE
Longue, en forme de coin tronqué comme celle du doberman. Les oreilles sont très écartées et les yeux sont en amande comme le rottweiler.

Doberman

Rottweiler

CORPS
Corps long et athlétique ; cou cambré comme chez le greyhound. La poitrine large et musclée est celle du rottweiler.

Rottweiler

Greyhound

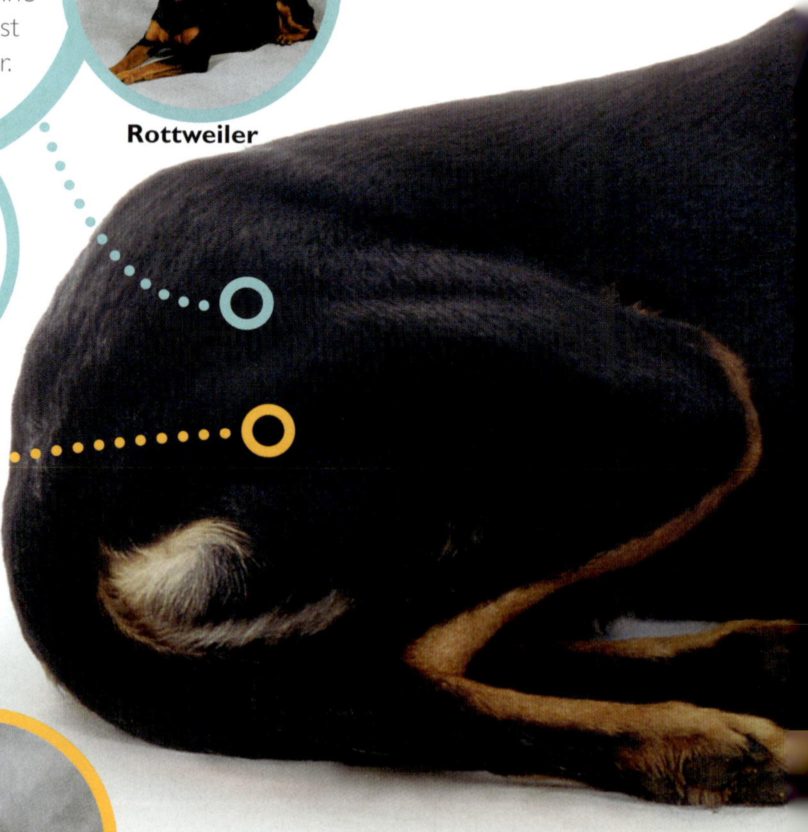

Doberman

PELAGE
Il est caractéristique des trois races : le poil est court et lisse, la robe est à fond noir avec des marques rouille bien délimitées sur le museau, les pieds, la face et la poitrine.

Beauceron

Rottweiler

Son "pedigree"

- Doberman
- Greyhound
- Beauceron
- Rottweiler

Doberman

OREILLES

Les oreilles du doberman, de taille moyenne, sont attachées haut, mais elles sont tombantes. Celles-ci sont flottantes comme celles du greyhound.

Greyhound

Doberman

PATTES

Les antérieurs longs et droits, les cuisses lisses et longues et les jarrets (tarses) droits rappellent ceux du beauceron. Les pieds sont compacts et bien parallèles comme chez le doberman.

Beauceron

Les petits chiens

Manjack chipin terrier

Ce petit chien à la fois robuste, élégant et très soigné est un minuscule terrier. Sa couleur évoque le pinscher nain et une variété naine du terrier de Manchester. Quelque chose en lui rappelle également la variété à courtes pattes du Jack Russell. Ce corniaud compense sa petite taille par son caractère très affirmé. Plein d'entrain, mais aussi assez bruyant, c'est le genre de petit chien toujours prêt à participer au moindre jeu. C'est aussi un très bon chien de garde et l'on aura tout intérêt à ne pas négliger de le dresser sous prétexte qu'il est petit. Dans le cas contraire, il risque de donner du fil à retordre à ses maîtres.

Terrier de Manchester

TÊTE
Il a les joues caractéristiques du Jack Russell, qui se prolongent par un museau à l'extrémité tronquée. Le museau est aussi long que le crâne, comme chez le terrier de Manchester. Les grands yeux ronds sont ceux du chihuahua.

Chihuahua

Jack Russell

Terrier de Manchester

PATTES
Les pieds ronds et compacts aux doigts très cambrés sont typiques du terrier de Manchester. Ceux des antérieurs sont légèrement tournés vers l'extérieur comme chez le Jack Russell à pattes courtes.

Jack Russell

Terrier de Manchester

OREILLES

Les grandes oreilles du Manchester sont attachées haut sur l'arrière, mais ici le bouton évoque plutôt la variété naine du terrier de Manchester. Les oreilles du Jack Russell sont plus petites et retombent toujours vers l'avant.

Jack Russell

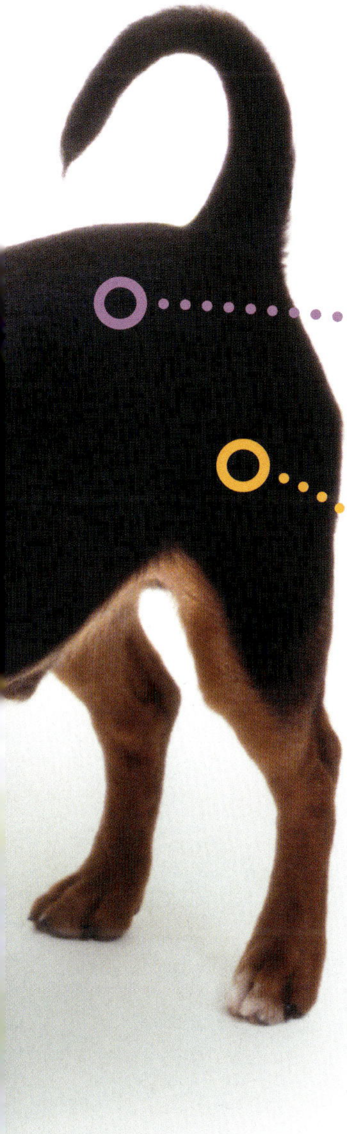

Terrier de Manchester

Chihuahua

CORPS

Le terrier de Manchester et le chihuahua sont un peu plus longs que hauts. La ligne de dos du pinscher nain est horizontale et sa poitrine est bien développée.

Pinscher nain

PELAGE

Comme chez le pinscher, il est lisse, court, dense et brillant, et la robe noire et feu avec un masque sur la face. La tache blanche sur la poitrine évoque le chihuahua.

Chihuahua

Pinscher nain

Son "pedigree"

- Terrier de Manchester
- Jack Russell
- Pinscher nain
- Chihuahua

Manchester rugle teckel

Cette adorable petite tête a vraiment des airs de terrier. Ce chien tient sans doute du terrier de Manchester à poil lisse et de la variété à pattes courtes du Jack Russell. Cependant, sa robe tricolore noire, feu et blanche évoque le beagle, tandis que son dos allongé rappelle le teckel. Cet animal a de l'énergie à revendre et aime qu'on s'occupe de lui. Comme tous les terriers, il n'apprécie pas particulièrement la compagnie des autres chiens. Même s'il est petit, ce n'est pas un chien de salon. S'il a l'occasion de tuer des souris, ses instincts de chasseur prendront le dessus.

TÊTE
Le long crâne triangulaire qui se rétrécit très nettement entre les pommettes et le début du museau est celui du Jack Russell. Le crâne bombé, large au-dessus du museau, est celui du beagle qui a aussi les yeux assez écartés.

Jack Russell

Beagle

CORPS
Le dos allongé, les membres courts et la poitrine proéminente sont typiques du teckel. Le corps puissant et robuste, au cou musclé et pas très long, rappelle le Jack Russell.

Teckel

Jack Russell

OREILLES

Le Jack Russell a les oreilles courtes, en bouton, attachées haut. Le terrier de Manchester a les oreilles en bouton ou dressées. Dans les deux cas, elles sont larges à la base et s'amenuisent jusqu'à la pointe.

Jack Russell

Terrier de Manchester

Son "pedigree"

- Jack Russell
- Beagle
- Teckel
- Terrier de Manchester

Terrier de Manchester

PELAGE

Le poil plat, dur et dense est caractéristique du beagle, tout comme la robe tricolore. Le noir et feu très intense vient certainement du terrier de Manchester.

Beagle

Teckel

QUEUE

Comme le teckel, elle est dans la suite de la colonne vertébrale, sa longueur est proportionnelle à la hauteur du chien. Comme le beagle, elle est portée gaiement, courbée et plus touffue à son extrémité.

Beagle

Corgipin australien

Le plus frappant chez ce chien, ce sont ses grandes oreilles, mais on remarque aussi sa tête et sa queue très fournie. Ces trois caractéristiques font penser au welsh corgi, notamment la variété cardigan (il en existe deux, l'autre étant le welsh corgi pembroke ; ici, la présence d'une queue – absente chez le pembroke – et la robe tricolore évoquent plutôt le cardigan). Les membres relativement courts et le corps allongé, ainsi que la forme de la tête évoquent aussi le bouvier australien. Tous deux sont des chiens courageux qui ne se laissent pas facilement intimider. Ces traits de caractère s'expliquent par leur travail à l'origine : ils étaient chargés de mordre au talon le bétail récalcitrant afin de le faire avancer.

Bouvier australien

TÊTE

Elle a la forme générale de celle du welsh corgi : les joues sont larges, le cou court et puissant. Mais le crâne et le museau de ce chien ne sont pas aussi longs que chez le welsh corgi. Ils tiennent plutôt du bouvier australien.

Welsh corgi

CORPS

Le corps court et puissant, le cou assez court et la poitrine profonde évoquent l'épagneul tibétain. Le corps est plus long que haut, mais les membres sont assez longs, comme ceux du bouvier australien.

Bouvier australien

Épagneul tibétain

Welsh corgi

OREILLES

Elles ont la même forme que celles du welsh corgi : dressées, à l'extrémité arrondie, « en tulipe ».

Pinscher nain

PELAGE

Sous-poil dense, de longueur moyenne, poil de couverture droit et légèrement rêche, typiques du bouvier australien. Les marques de la robe sont celles du pinscher nain, sauf la tache blanche sur la poitrine, qui évoque le welsh corgi.

Welsh corgi

Bouvier australien

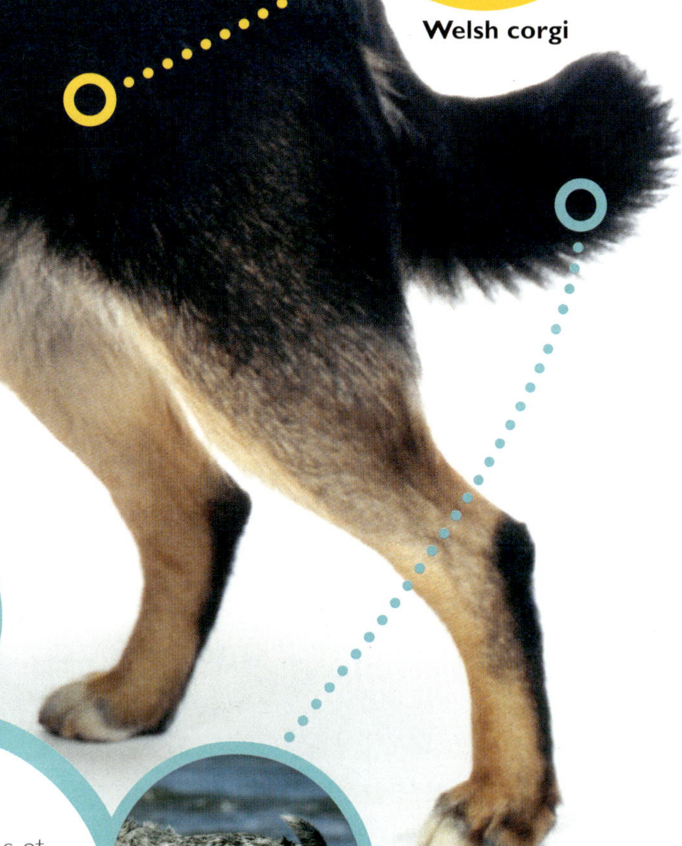

Welsh corgi

QUEUE

La queue est attachée assez bas et descend bien au-dessous des cuisses. Elle est bien fournie sur le dessous comme celle du welsh corgi et du bouvier australien.

Bouvier australien

Son "pedigree"

Welsh corgi
Bouvier australien
Pinscher nain
Épagneul tibétain

Jackcarchi tibétain

Le poil lisse et le crâne large de ce chien témoignent de ses origines. Celui-ci a du sang de chihuahua, ce qui explique en partie son caractère assez émotif et le fait qu'il se mette à trembler dès qu'il est excité ou simplement inquiet. Il a aussi un peu du terrier. Il ne serait pas surprenant qu'un Jack Russell fasse partie de ses ancêtres si on en juge par les couleurs de sa robe. Cependant, ce petit chien robuste évoque aussi une race naine un peu plus massive comme le carlin. Il présente aussi des similitudes avec l'épagneul tibétain – un chien souvent décrit comme autoritaire. En fait, ce chien a un caractère assez dominateur malgré sa petite taille. On s'en rend vite compte lorsqu'il croise des chiens plus grands. Il devra être socialisé très tôt et bien dressé pour atténuer ce défaut.

Épagneul tibétain

TÊTE
Le haut du crâne est large et bombé comme celui du chihuahua. Le museau de taille moyenne est un peu aplati comme celui de l'épagneul tibétain – un chien dont la tête semble petite par rapport au corps.

Chihuahua

PATTES
Membres pas très longs, très forts, bien à la verticale du corps, comme ceux du carlin. L'arrière-train puissant et les pieds de lièvre (aux doigts longs) rappellent l'épagneul tibétain.

Carlin

Épagneul tibétain

Carlin

Épagneul tibétain

OREILLES

Mélange entre les oreilles moyennes, en V, de l'épagneul tibétain (qui sont tombantes) et les petites oreilles repliées du carlin, douces comme du velours.

Son "pedigree"

Chihuahua
Jack Russell
Épagneul tibétain
Carlin

PELAGE

Comme le chihuahua, il a le poil lisse, plat et brillant, avec une collerette sur le cou. Mais la couleur de la robe est à 100 % Jack Russell.

Chihuahua

Jack Russell

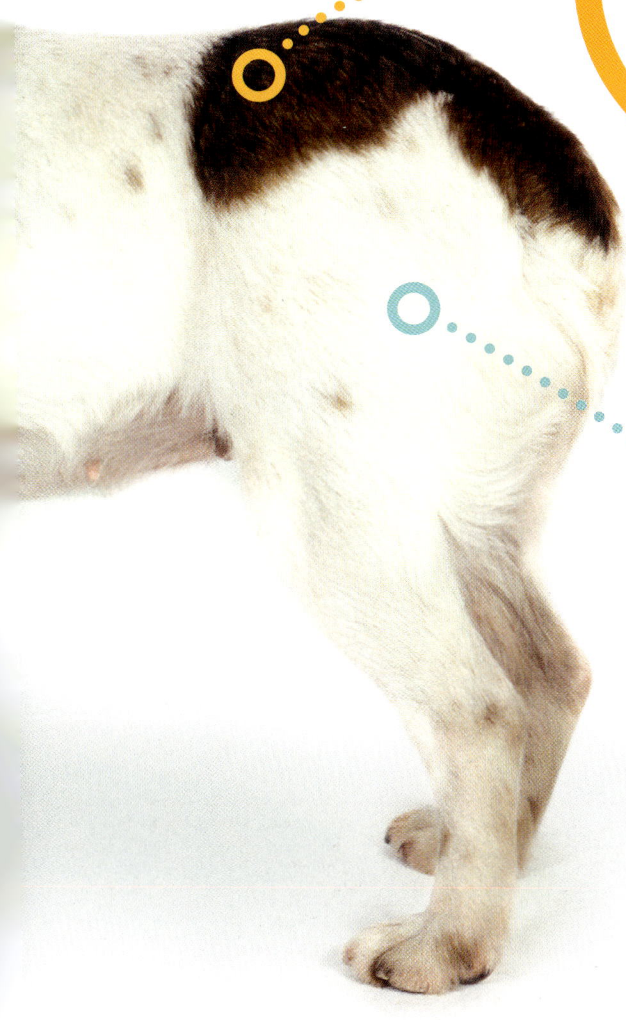

Carlin

CORPS

Le carlin a le dos court et la poitrine large. Le chihuahua est légèrement plus long que haut et l'épagneul tibétain a le cou assez court, puissant, et la poitrine large.

Chihuahua

Épagneul tibétain

Labrador beackel

On se trouve ici face à un petit chien qui ressemble à un grand ; sa tête et son cou rappellent le labrador mais il ne lui ressemble pas totalement. Ses membres courts et trapus soutiennent un corps relativement long. Cette particularité, associée à la texture lisse du poil et à des pieds légèrement tournés vers l'extérieur sur les antérieurs, n'est pas sans évoquer le teckel. La forme effilée de la face est un autre indice, même s'il semble bien que ce chien ait un peu du Jack Russell, en particulier les oreilles. Le Jack Russell a lui aussi les membres courts. Autre ancêtre probable : un chien courant, ce qui expliquerait les marques blanches sur la robe noire. Ce chien est très énergique malgré sa petite taille.

TÊTE

Crâne large et mâchoires puissantes, qui évoquent le labrador. Mais la forme un peu bombée et le museau effilé, légèrement plat au bout, rappellent le Jack Russell.

Labrador

Jack Russell

PATTES

Membres courts et pieds relativement grands, sans plis sur la peau. La forme légèrement concave des antérieurs évoque également le teckel.

Jack Russell

Teckel

OREILLES

Attachées en arrière comme celles du beagle, écartées de la tête et repliées comme celles du Jack Russell.

Beagle

Jack Russell

Labrador

PELAGE

Le poil court, brillant, dense et la robe noire évoquent le labrador. La touche blanche isolée sur la poitrine rappelle le beagle.

Beagle

Teckel

CORPS

Plus long que haut, comme le teckel. La forme arrondie, le dos horizontal, le cou puissant évoquent le labrador.

Labrador

Son “pedigree”

- Labrador
- Teckel
- Beagle
- Jack Russell

Corgickel breton

La robe châtain vif et blanche de ce corniaud rend vraisemblable la présence d'un chien de chasse parmi ses ancêtre. Pourquoi pas un épagneul breton ? Cette impression est renforcée par sa gentillesse et par la présence de longs poils, appelés franges, sur ses membres et sa queue. Cette caractéristique est commune à de nombreuses races de chiens de chasse. Ses membres courts et son corps allongé laissent penser qu'il a également du sang de teckel, ce qui expliquerait son poil plat et ondulé. Cependant, la tête est plutôt celle d'un chien dont le corps a une forme similaire – c'est le cas du welsh corgi –, avec une adorable paire d'oreilles d'épagneul (l'influence de l'épagneul breton). Ses gènes d'épagneul et de chien de troupeau (le welsh corgi !) en font un animal plein de vitalité qui adore les longues promenades où il se sert de sa large truffe pour exercer son flair. Ses membres courts lui permettent de se glisser n'importe où pour suivre une trace.

TÊTE
De taille moyenne, avec un large front, comme chez le welsh corgi. Mais le museau effilé est une caractéristique du teckel.

Teckel

Welsh corgi

Welsh corgi

CORPS
Membres courts, corps allongé, avec une légère cambrure à l'arrière-train, ce qui rappelle le teckel et le welsh corgi.

Teckel

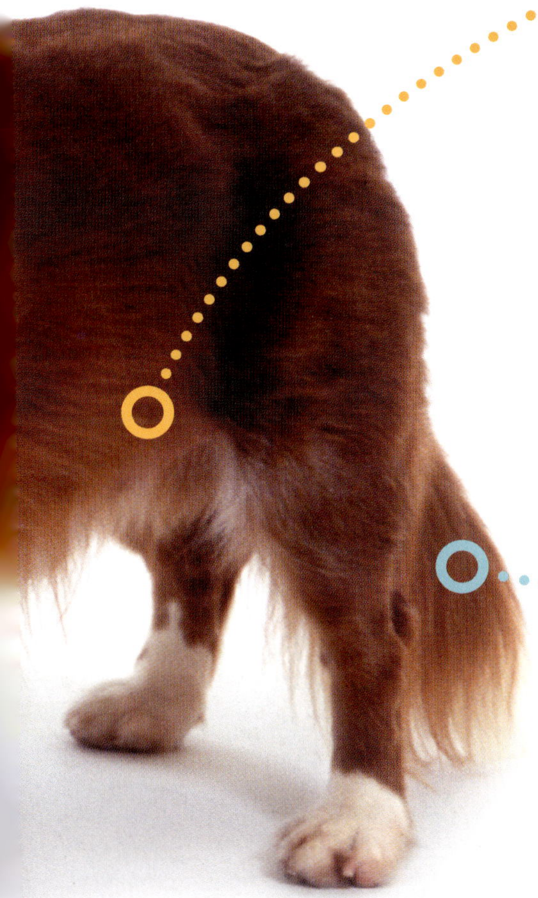

OREILLES
Attachées haut et repliées, comme l'épagneul breton.

Épagneul breton

Teckel

PELAGE
Poil de longueur moyenne, avec des franges. Jolie robe avec des plages blanches.

Épagneul breton

Épagneul breton

QUEUE
Basse, garnie de poils longs, comme l'épagneul breton ou le welsh corgi.

Welsh corgi

Son "pedigree"

Welsh corgi
Épagneul breton
Teckel

Shiba-loup nain

Il ne fait aucun doute que ce petit chien fait partie du groupe des spitz, qui comprend les races nordiques. Cela se voit à sa tête de renard, à ses oreilles dressées et à sa queue en panache qui s'enroule sur le dos. Dans les années 1600, la mode des variétés naines de ces grands chiens de travail s'est répandue. Ceux à fourrure blanche ou à la robe de couleur vive comme celui-ci étaient particulièrement appréciés. Le poil de ce chien est de longueur moyenne, mais la sélection a eu globalement pour effet de produire de petites races nordiques au poil très abondant. C'est un chien très actif. Il a tendance à japper facilement s'il ne se dépense pas assez ou s'il n'est pas assez sollicité par le jeu.

Spitz nain

TÊTE
Cette tête de renard est celle du spitz nain, avec une petite touche de shiba.

Shiba

PATTES
Membres moins fournis que le reste du corps, pieds ovales, comme chez le spitz-loup, mais leur petite taille évoque le spitz nain.

Spitz-loup

Spitz nain

Shiba

OREILLES
Les oreilles triangulaires dressées, attachées haut sur la tête, sont celles du shiba et du spitz finlandais.

Spitz finlandais

Son “pedigree”

- Spitz nain
- Shiba
- Spitz finlandais
- Spitz-loup

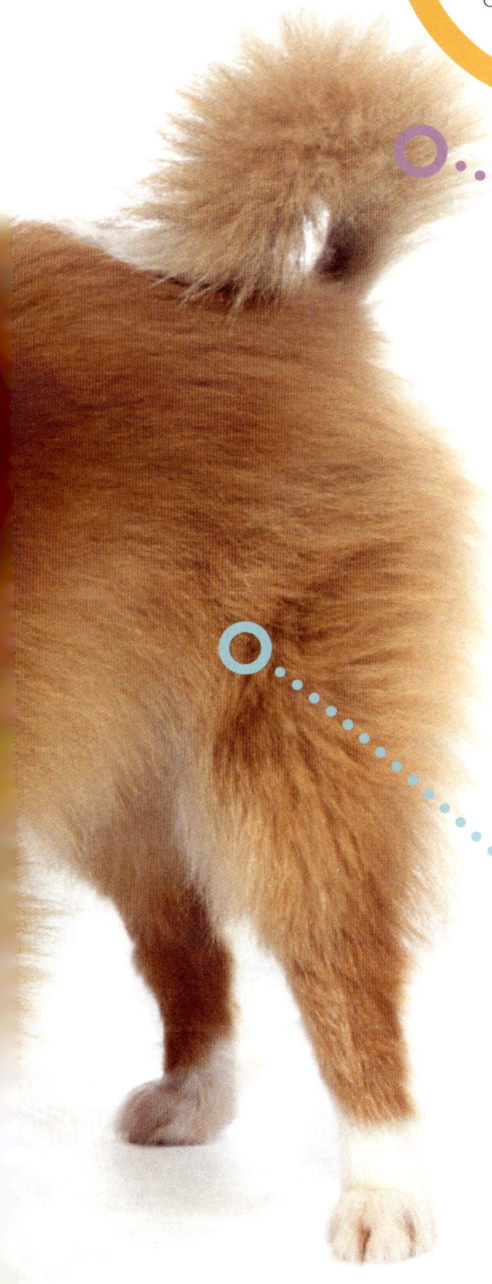

Spitz finlandais

Shiba

QUEUE
Bien fournie et enroulée sur le dos comme la queue de tous les spitz.

Spitz nain

Spitz-loup

Spitz-loup

PELAGE
De longueur moyenne, surtout sur le corps, avec une collerette autour du cou, il évoque à la fois le spitz-loup et le spitz nain.

Spitz nain

Paprus king spaniel

Les épagneuls nains comptent depuis des siècles parmi les races de chiens de compagnie. Ce petit chien est un descendant de ces adorables animaux. Il a gardé des siècles passés au milieu de l'aristocratie, où il était l'objet de toutes les attentions, un caractère gentil et affectueux. Sa robe s'apparente à celle de l'épagneul nain papillon et du cavalier King Charles. Ses oreilles sont un autre indice : le poil long est typique de l'épagneul nain papillon, mais le fait qu'elles soient tombantes rappelle le cavalier King Charles. Sa tête est grosse et son corps assez massif – autre trait du cavalier, mais le Jack Russell n'y est peut-être pas étranger. Les épagneuls nains restent au fond des chiens de chasse. Ils sont donc énergiques et faciles à dresser.

Cavalier King Charles

TÊTE

Effilée, mais pas pointue, avec des mâchoires puissantes, de longueur moyenne.

Jack Russell

PELAGE

De longueur moyenne, ondulé et abondant ; hérité du cavalier ou de l'épagneul nain papillon. La robe majoritairement blanche et les marques symétriques sur la tête sont typiques des deux races.

Cavalier King Charles

Épagneul nain papillon

Épagneul nain papillon

OREILLES
Attachées haut, avec des poils très longs comme le papillon, tombantes, trait typique des épagneuls.

Cavalier King Charles

Son “pedigree”

Épagneul nain papillon
Cavalier King Charles
Jack Russell

Jack Russell

CORPS
La poitrine est large. Sa forme carrée donne une impression de puissance.

Cavalier King Charles

PATTES
Membres courts, robustes, typiques du Jack Russell. Les pieds ronds sont ceux du cavalier.

Cavalier King Charles

Jack Russell

Chilin suédois nain

Ce chien miniature, mais au caractère affirmé est très cosmopolite par ses origines. La tête traduit l'influence du chihuahua (mexicain) et l'allure générale est celle du spitz nain (allemand) et/ou du chien suédois de Laponie. Toutefois, ce petit corps compact, carré, à la poitrine large évoque aussi le carlin (Chine). Le mélange de toutes ces races donne un compagnon plein d'entrain et un chien de garde qui peut être bruyant. En résumé un gros chien dans un corps de petit chien.

Spitz nain

QUEUE
Enroulée sur le dos, comme celle du spitz nain et du chien de Laponie – deux races nordiques – et comme celle du carlin.

Carlin

Chien suédois de Laponie

Chihuahua

Carlin

PELAGE
Poil court et lisse, assez long par endroits. Le pelage est un heureux compromis entre le poil long du spitz nain et du chien de Laponie, et le poil court du chihuahua et du carlin. La robe noire évoque le chien de Laponie ou le carlin.

Chien suédois de Laponie

Spitz nain

Chihuahua

OREILLES

Grandes, attachées bas sur les côtés de la tête, comme celles du chihuahua, mais pointues et dressées comme celles du chien de Laponie ou du spitz nain.

Spitz nain

Chien suédois de Laponie

Son “pedigree”

Spitz nain
Chien suédois de Laponie
Chihuahua
Carlin

TÊTE

La forme bombée du crâne du chihuahua est très caractéristique. Le museau pointu évoque le spitz nain et le chien de Laponie.

Spitz nain

Chihuahua

Chien suédois de Laponie

CORPS

Compact, carré, avec une poitrine large, comme chez le carlin. La ligne de dos horizontale évoque le chihuahua.

Carlin

Chihuahua

Caniyorkshire barbu

Le type même du chien ébouriffé dont certains traits indiquent clairement les origines, tandis que d'autres semblent bien difficiles, voire impossibles, à décrypter. Par certains côtés, ce corniaud rappelle le colley barbu, notamment par ses proportions. D'autres détails, en revanche, comme son poil court, évoquent une autre race de chiens de berger, peut-être le berger australien. On ne peut pas exclure non plus la présence parmi ses ancêtres d'un terrier du Yorkshire si l'on considère ses petites oreilles velues dressées. Si on s'en tient au pelage, il a aussi des airs de caniche (sachez que tous les croisements avec un caniche ne donnent pas un chien au poil bouclé). La seule certitude que l'on puisse avoir, c'est que ce chien aura besoin d'être toiletté souvent !

Colley barbu

TÊTE

Large et arrondie, avec un museau court et carré et une grosse truffe : il a tout à fait la tête du colley barbu.

Berger australien

Terrier du Yorkshire

PATTES

Les pieds délicats mais velus sont ceux du caniche ou du terrier du Yorkshire. Les antérieurs à l'ossature forte et l'arrière-train large et musclé sont typiques du berger australien.

Caniche nain

Terrier du Yorkshire

PELAGE

Le poil relativement long, surtout sur la face et la poitrine, évoque le caniche et le colley barbu. La robe noire et feu rappelle celle du terrier du Yorkshire.

Colley barbu

Caniche nain

Son "pedigree"

Colley barbu

Terrier du Yorkshire

Berger australien

Caniche nain

Colley barbu

CORPS

Bas sur pattes, avec le dos droit et le corps allongé formant un rectangle : ce pourrait être celui du colley barbu ou du Yorkshire, ou bien les deux !

Terrier du Yorkshire

QUEUE

Bien fournie, attachée bas. Elle pend en décrivant une légère courbe.

Colley barbu

Berger australien

Basspei tecarlin

De toute évidence, on n'a pas affaire ici à un géant. À voir ses membres courts, on peut supposer qu'un basset a joué un rôle important dans sa création, mais pour le reste, on trouve un peu de tout – en particulier s'agissant des oreilles ! Le masque noir assez typique est sans doute hérité du carlin. Cependant, en fonction de ses origines précises, il a peut-être aussi un peu d'une autre race chinoise, le shar peï. Si vous avez du mal à imaginer un shar peï et un basset s'accoupler, dites-vous bien que la plupart des corniauds sont le fruit de dizaines de croisements qui s'étalent sur plusieurs générations. Ce petit chien très actif est très doux de caractère.

TÊTE
Crâne bombé assez large, avec un museau large et quelques rides sur le front.

Shar peï

Basset hound

Teckel

PATTES
Courtes, avec les pieds légèrement angulés, comme ceux du teckel et du basset. Les pieds sont grands, comme ceux du basset hound.

Basset hound

Son "pedigree"

Basset hound

Carlin

Shar peï

Teckel

CORPS

Long et bas, à la poitrine proéminente. Il rappelle à la fois le basset hound et le teckel.

Teckel

Basset hound

PELAGE

Poil très net, court et brillant comme celui du teckel et du basset. La couleur de la robe rappelle le shar peï sur le corps et le carlin sur la face.

Teckel

Basset hound

Carlin

Shar peï

QUEUE

Assez épaisse, portée vers le haut en décrivant une courbe à son extrémité, comme celle du basset. Pointue comme celle du teckel.

Teckel

Basset hound

Terbouvier bullagle

Ce chien est vraiment très difficile à classer. Par son aspect général, il évoque un peu n'importe quel chien. Il est mince à certains endroits, large à d'autres. Il est dans l'ensemble petit, mais il a l'air d'un gros chien. Il ressemble à un chien courant, à un terrier et à un grand chien de travail. C'est un gardien attentif, à l'instinct protecteur très marqué envers son entourage. Ce chien curieux de nature a besoin de jouer et de se dépenser pour se sentir bien. Il peut aussi être très bruyant (à cause du sang de beagle qui est en lui). Il aboie pour exprimer sa joie ou son inquiétude, mais aussi pour qu'on s'occupe de lui.

Beagle

TÊTE

Le long crâne bombé ressemble beaucoup à celui du beagle. Mais la forme en coin effilé et le stop peu marqué évoquent le terrier de Manchester.

Terrier de Manchester

PATTES

Le beagle a les membres droits et forts. Ceux du bouledogue français sont musclés et écartés, avec les pieds légèrement tournés vers l'extérieur.

Bouledogue français

Beagle

Son "pedigree"

- Beagle
- Bouledogue français
- Terrier de Manchester
- Grand bouvier suisse

Terrier de Manchester

OREILLES

Ces oreilles semi-tombantes se situent quelque part entre les grandes oreilles en V dressées du terrier de Manchester et les oreilles tombantes triangulaires du grand bouvier suisse. Ce dernier redresse les oreilles et les laisse retomber vers l'avant quand il est excité.

Grand bouvier suisse

Beagle

PELAGE

La couleur de la robe dans son ensemble évoque le beagle et le grand bouvier suisse. La texture du poil – dur, serré, dense, de longueur moyenne – rappelle celle de ces deux chiens.

Grand bouvier suisse

Beagle

CORPS

Le dos de ce chien est court, musclé et puissant comme celui du beagle. La poitrine très large, puissante et plate est celle du bouledogue français.

Bouledogue français

Les chiens de chasse

Chesabrador hongrois

Ce chien ressemble à un labrador, même si sa robe est originale pour cette race. Elle rappelle le marron, ou la couleur feuille morte, du retriever de la baie de Chesapeake, et le fauve sable du braque hongrois. Avec deux rapporteurs parmi ses ancêtres, rien d'étonnant à ce qu'il aime nager. C'est aussi un compagnon sur lequel on peut compter, qui se dresse sans problème. Les plages blanches, le crâne arrondi et les petits pieds évoquent aussi un apport de grand chien courant. En fonction de l'endroit où il vit, il peut s'agir du foxhound ou du chien courant de Hamilton, originaire de Suède.

Labrador

TÊTE

Le crâne large, les mâchoires puissantes et le museau plat au bout sont ceux du labrador. Le crâne bombé évoque un chien courant.

Foxhound

Chien courant de Hamilton

Foxhound

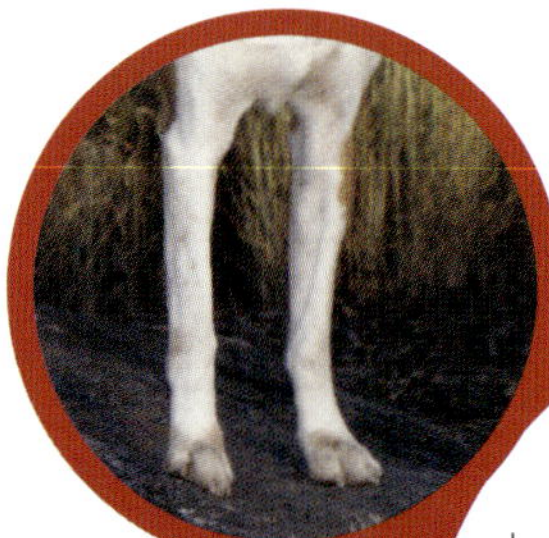

PATTES

Les membres droits, de longueur moyenne, pas trop épais, évoquent le retriever de la baie de Chesapeake. Les pieds étroits et les longs doigts éclaboussés de blanc rappellent les chiens courants.

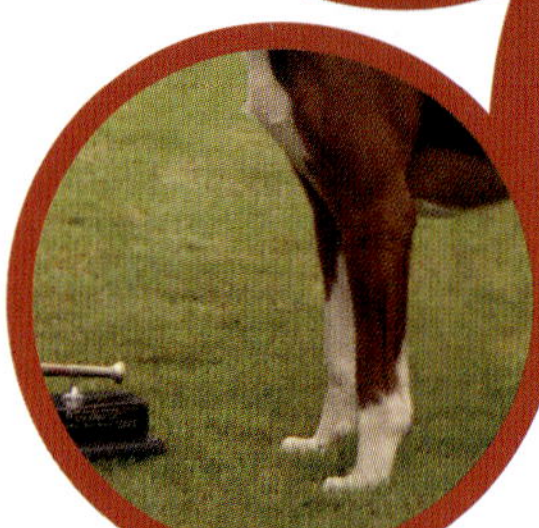

Retriever de la baie de Chesapeake

Chien courant de Hamilton

Chien courant de Hamilton

OREILLES

Grandes, tombantes, attachées au niveau des yeux, comme celles des chiens courants. Pendantes, elles encadrent la face comme celles du labrador.

Labrador

Son "pedigree"

Labrador
Foxhound/chien courant de Hamilton
Retriever de la baie de Chesapeake
Braque hongrois

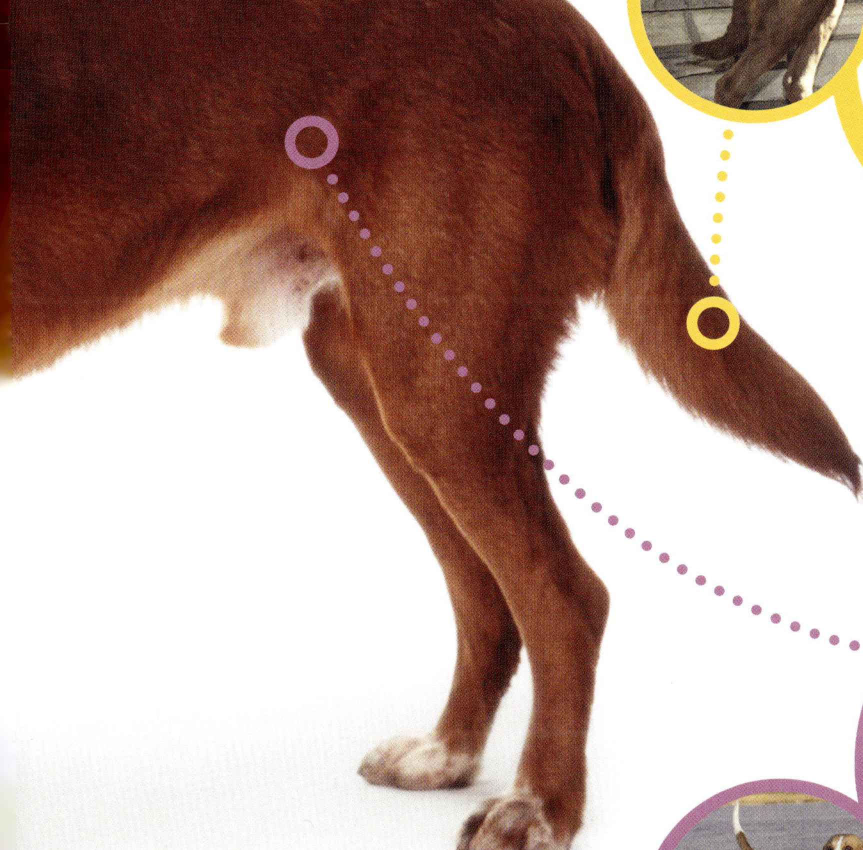

Retriever de la baie de Chesapeake

QUEUE

La queue est épaisse sur toute sa longueur. Elle s'amenuise de la racine à la pointe, comme chez tous les rapporteurs (queue de loutre).

Labrador

Retriever de la baie de Chesapeake

Braque hongrois

PELAGE

Poil court, imperméable et dense, comme celui des deux rapporteurs. La robe est celle du braque hongrois. Ses marques évoquent un chien courant.

Foxhound

Chien courant de Hamilton

Labraque weigrois

Ce chien puissant, bien bâti, a pour ancêtres toutes sortes de chiens de chasse. Il a probablement aussi un peu de sang de lévrier ; ses oreilles et son corps légèrement profilé en témoignent. Exubérant mais digne de confiance, c'est un excellent compagnon pour toute la famille. Les croisements de chiens de chasse avec des lévriers étaient autrefois assez fréquents, car ils permettaient d'obtenir des chiens de travail capables de courir très vite. À l'époque, ces chiens n'étaient pas qualifiés de bâtards ou de corniauds : il s'agissait simplement des chiens de chasse dotés de toutes les qualités indispensables.

Braque de Weimar

TÊTE

La forme du crâne, légèrement effilé, et le museau, large et arrondi sur le dessus, rappellent ceux du braque de Weimar. Comme le labrador, il a les oreilles écartées, les joues bien dessinées mais pas charnues, et les babines fermes mais qui descendent juste en dessous des mâchoires.

Labrador

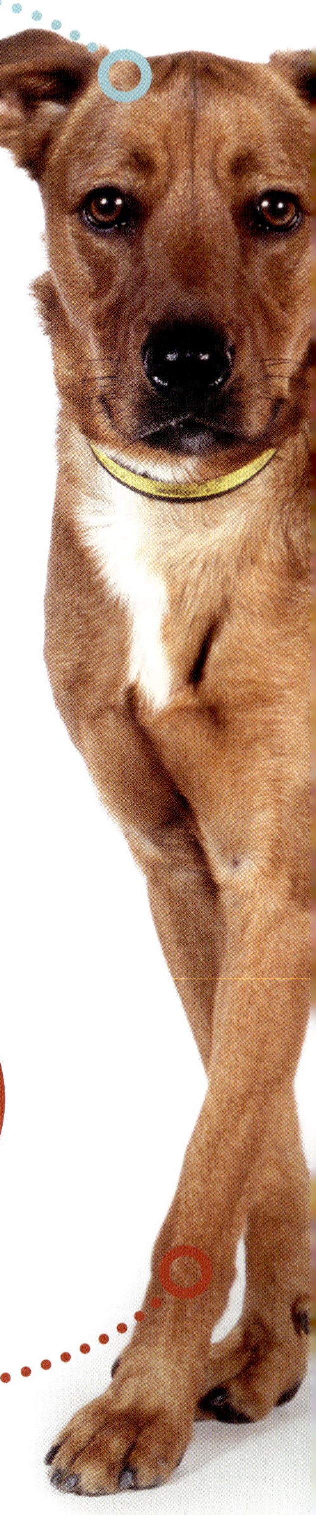

Braque hongrois

PATTES

Les antérieurs sont longs et droits ; les postérieurs musclés sont relativement droits, comme ceux du braque hongrois. Les pieds compacts sont ceux du whippet, mais les doigts sont un peu plus longs que ceux des autres races.

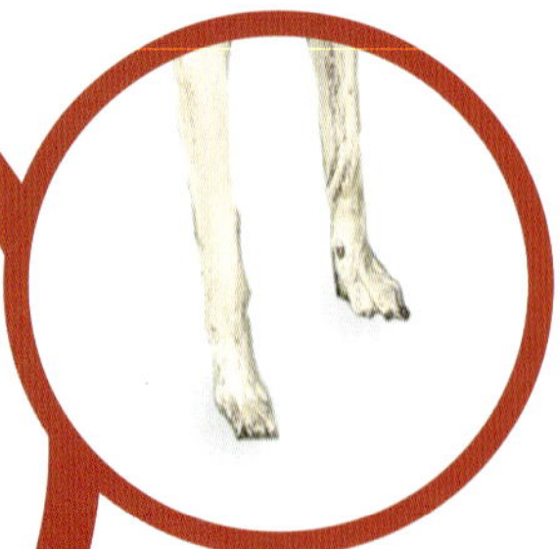

Whippet

Braque de Weimar

OREILLES

Les oreilles, attachées haut sur les côtés de la tête, évoquent le braque de Weimar, mais elles sont en rose, ce qui est typique du whippet.

Whippet

Son "pedigree"

Braque hongrois

Braque de Weimar

Labrador

Whippet

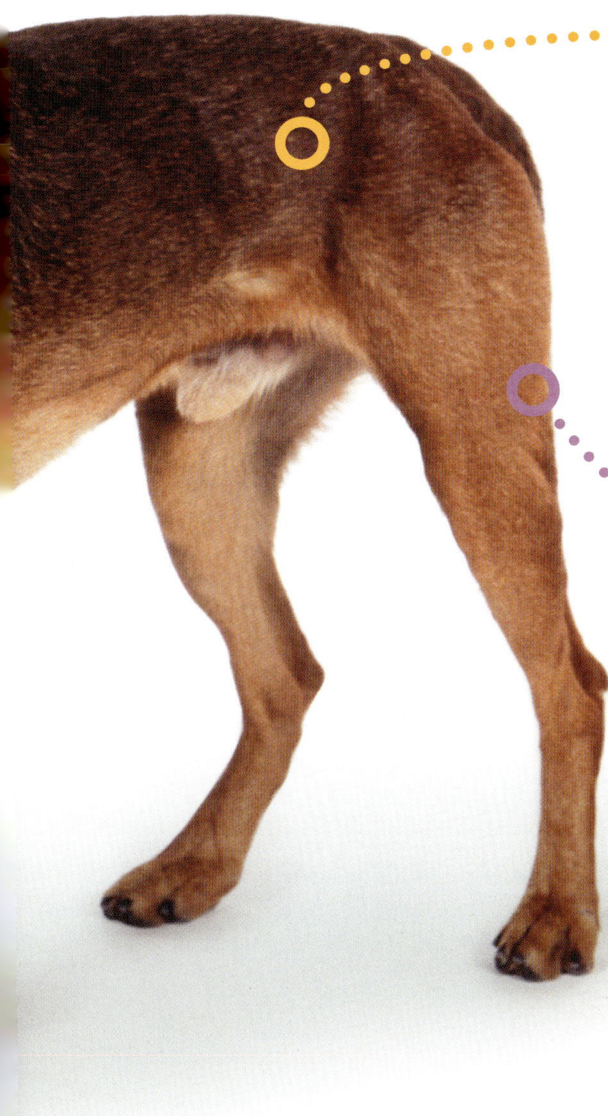

CORPS

Le corps du braque de Weimar est de longueur moyenne ; son dos est horizontal. Le braque hongrois a la poitrine relativement large pour un chien aussi mince, avec un ventre légèrement levretté.

Braque hongrois

Braque de Weimar

Braque hongrois

PELAGE

La robe fauve est celle du braque hongrois, mais le poil, plus dur et plus long, rappelle le labrador. La petite tache blanche sur la poitrine existe parfois chez le labrador.

Labrador

Pointer dalhound

Ce chien est un mélange particulièrement intéressant et séduisant. Il a la tête du braque allemand à poil court, la robe du dalmatien avec les mouchetures du setter anglais, et le corps mince du greyhound. Son poil lisse est très facile à entretenir : il suffit de le brosser avec un gant spécial ou une brosse en nylon pour qu'il reste impeccable. Toutefois, parce qu'il est court et raide, il a tendance à rester sur les coussins du canapé ! C'est un chien très actif, qui ne supportera peut-être pas de vivre dans un petit appartement. Il préfère se promener et courir plusieurs fois par jour plutôt que de faire des marathons le week-end. Ces sorties sont indispensables si l'on ne veut pas qu'il s'ennuie et fasse des bêtises.

TÊTE

Légèrement bombée, avec un crâne large et un museau profond, droit et plat au bout, comme le braque allemand. Le cou assez long est délicatement cambré, comme celui du dalmatien.

Dalmatien

Braque allemand à poil court

PATTES

Les petits pieds serrés et les doigts cambrés évoquent le braque allemand à poil court. Les antérieurs droits et robustes aux coudes proches du sol et aux cuisses fines mais puissantes rappellent le dalmatien.

Dalmatien

Braque allemand à poil court

Dalmatien

CORPS

Le dalmatien a la poitrine profonde mais pas large ; sa cage thoracique est bien descendue. Le greyhound a une poitrine similaire mais un corps plus athlétique et un ventre levretté.

Greyhound

Son “pedigree”

- Dalmatien
- Braque allemand à poil court
- Greyhound
- Setter anglais

PELAGE

Le poil court, épais et lisse ainsi que la robe blanche parsemée de taches et de points blancs sont caractéristiques du dalmatien. Mais les mouchetures rappellent plutôt le setter anglais.

Setter anglais

Dalmatien

QUEUE

La queue effilée, de longueur moyenne, est le prolongement de la ligne du dos : une caractéristique du dalmatien et du setter anglais.

Dalmatien

Setter anglais

Retrievhound husky

Il fait peu de doute que ce corniaud compte quelques chiens de chasse parmi ses ancêtres. Sa robe et sa corpulence évoquent à la fois le golden retriever et le labrador. Pourtant, son corps plus léger laisse à penser qu'il y a eu croisement avec un lévrier, peut-être un greyhound. Son poil lisse comme la position et la forme de ses oreilles rappellent eux aussi les lévriers. Il est plus actif qu'un rapporteur et il est capable de courir à une vitesse étonnante. Il est préférable de le dissuader de poursuivre les chats. Ses gènes de husky transparaissent dans la queue et dans le ventre blanc. Son caractère doux et agréable en fait un bon compagnon pour toute la famille.

Labrador

Husky de Sibérie

TÊTE

Le crâne et la truffe larges sont ceux du labrador, mais la forme effilée entre le front et le museau rappelle le husky.

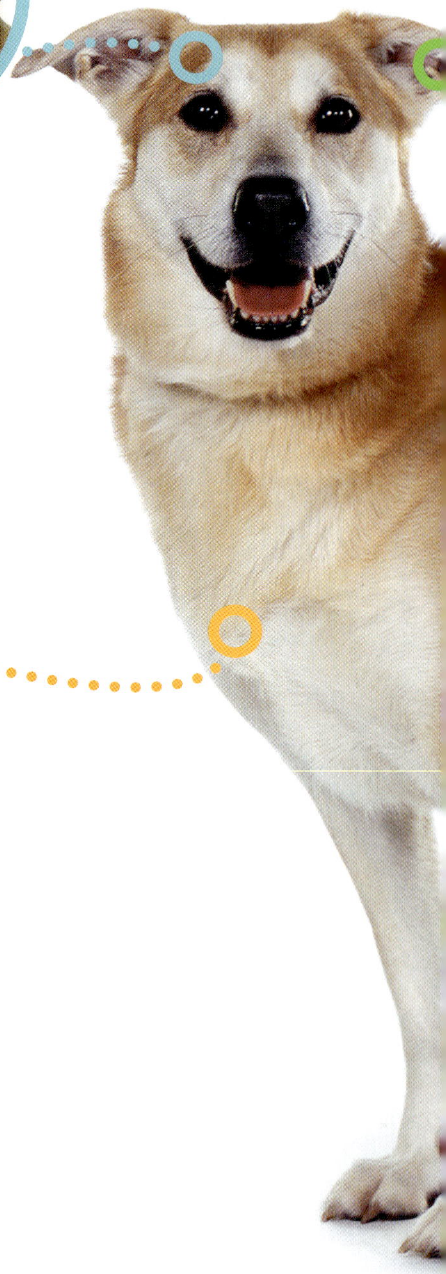

CORPS

Ce chien est plus long que haut. Le profil massif et la poitrine profonde évoquent les deux rapporteurs, mais la légèreté générale fait penser au greyhound.

Labrador

Greyhound

Golden retriever

OREILLES

Ces oreilles en rose sont celles de certains lévriers, notamment du greyhound.

Greyhound

Labrador

QUEUE

Épaisse et ronde comme celle du labrador, mais très fournie sur le dessous et portée en boucle comme celle du husky.

Husky de Sibérie

Son “pedigree”

Labrador
Husky de Sibérie
Golden retriever
Greyhound

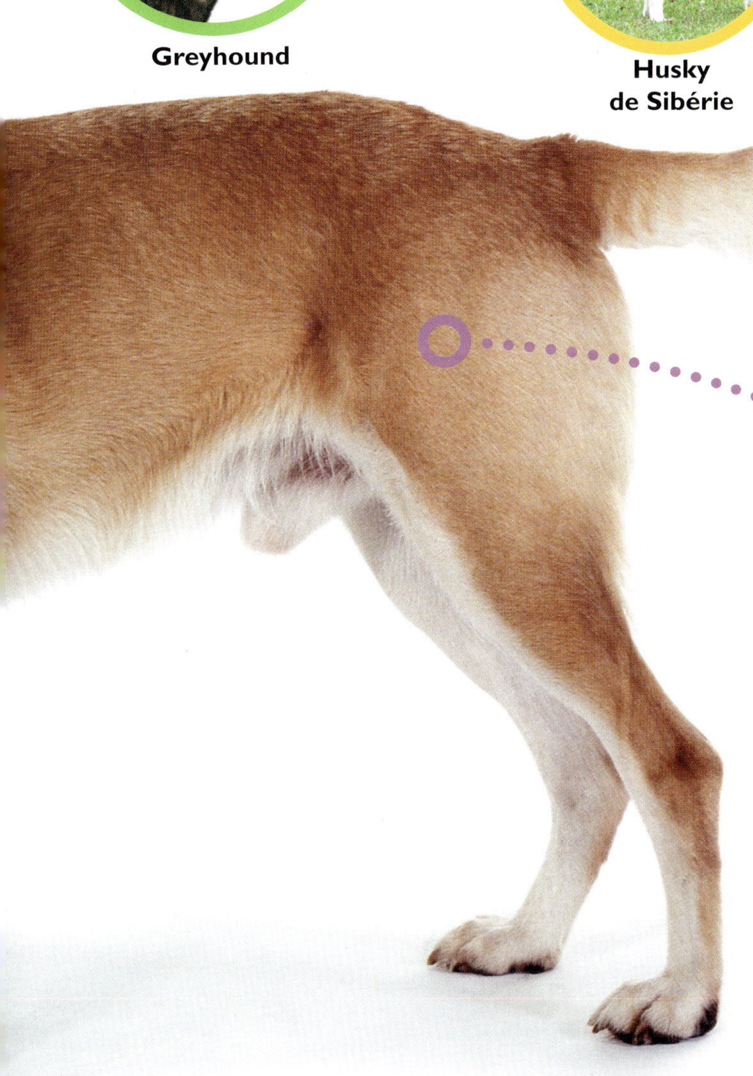

Labrador

PELAGE

Court et lisse comme celui du greyhound. La robe rappelle le labrador jaune. Le dessous et le masque blancs évoquent le husky.

Greyhound

Husky de Sibérie

Boxer bull retriever

La robe bringée de ce corniaud, dont les lignes noires forment des vagues sur fond châtain roux, est particulièrement étonnante. C'est un chien massif, même s'il n'a pas encore atteint sa taille adulte, qui promet d'être grand. Il descend incontestablement d'une lignée de chiens de travail, ce qui explique son caractère affirmé et déterminé. Il a également des velléités d'indépendance mais, comme toutes les races créées pour travailler, il se laisse facilement dresser. Il a énormément besoin de se dépenser et il aime certainement nager : c'est son instinct de rapporteur qui veut cela.

Boxer

CORPS
Globalement massif et musclé. Le dos allongé est celui du boxer. Le creux derrière la pointe des épaules rappelle le bullmastiff.

Bullmastiff

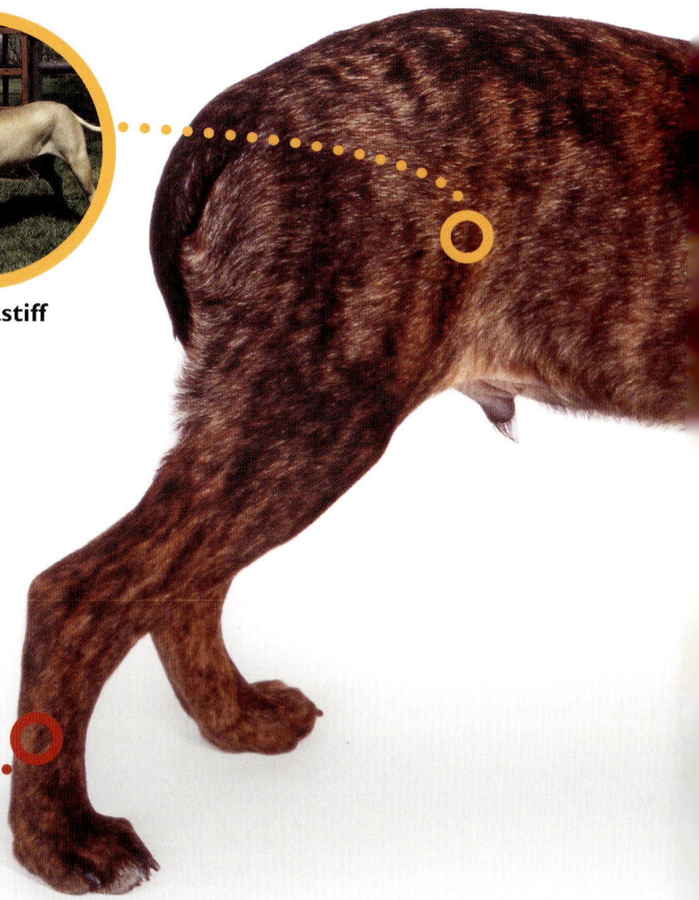

Labrador

PATTES
Antérieurs très puissants, aux genoux prononcés, et cuisses longues et puissantes, comme chez le bullmastiff. Les grands pieds ronds rappellent ceux du labrador.

Bullmastiff

Son “pedigree”

Boxer

Labrador

Bullmastiff

Boxer

TÊTE

Le crâne large et carré évoque le boxer, tandis que le museau long mais massif rappelle plutôt le labrador.

Labrador

OREILLES

Les oreilles en V, attachées haut et tombantes, rappellent le bullmastiff, mais leur longueur et leur extrémité arrondie s'apparentent au labrador.

Bullmastiff

Labrador

PELAGE

Le poil lisse et court, et la robe bringée peuvent être attribués au boxer ou au bullmastiff. L'aspect brillant et la densité du poil tiennent du labrador.

Labrador

Boxer

Bullmastiff

Labramar foxtriever

Le poil brillant et la tête sont deux indices incontestables : ce chien a un labrador parmi ses ancêtres. Toutefois, il est de corpulence plus légère qu'un labrador de race pure. Il a certainement du sang d'autres chiens de chasse, notamment de chien courant comme le foxhound. Gentil et plein d'entrain, il est un compagnon idéal dans une maison où vivent des adolescents, car il a autant d'énergie qu'eux à dépenser. Son instinct de rapporteur en fait un animal toujours prêt à jouer. Il n'est pas vraiment fait pour vivre en ville parce qu'il a énormément besoin de se dépenser. Comme il est par ailleurs un peu glouton, il lui faut brûler des calories pour ne pas devenir obèse.

TÊTE
Tête large, plate sur le dessus, avec des pommettes bien ciselées et un museau massif.

Braque de Weimar

Labrador

CORPS
Le corps puissant et bien proportionné évoque le labrador, mais la poitrine est moins large et moins massive.

Labrador

Foxhound

PATTES
Membres puissants et épais, comme le labrador. Antérieurs droits aux doigts très cambrés comme le foxhound.

Foxhound

Labrador

Son "pedigree"

Labrador

Retriever à poil plat

Foxhound

Braque de Weimar

Labrador

OREILLES

Grandes, attachées haut sur les côtés de la tête, tombantes, comme celles des deux rapporteurs.

Retriever à poil plat

Labrador

PELAGE

En partie court et brillant comme le labrador, et en partie long et dur comme le retriever à poil plat, dont ce chien a la robe.

Retriever à poil plat

Greydogue Pointer

Compte tenu de la remarquable robe mouchetée et de la forme du corps de ce corniaud, on peut affirmer sans se tromper qu'un pointer figure parmi ses ancêtres. Le pointer trouve le gibier grâce à son flair. Le museau long et large de ce chien constitue certainement un bon outil pour cela, mais on ne verra jamais chez un pointer cette transition en pente douce entre le front et le museau, et ce type d'oreilles. Le greydogue pointer semble également avoir un peu de sang de lévrier : son ventre levretté et la queue ramenée entre les membres postérieurs en témoignent. Avec deux sortes de chasseurs (les chiens courants se servent de leur flair et les lévriers de leur vue), il ne peut être que sérieux et travailleur. Sa grande taille et son tempérament vif exigent qu'il se dépense suffisamment. Il suffit de lui confier une tâche pour s'apercevoir de son intelligence et de sa docilité. En revanche, s'il s'ennuie, il peut faire des dégâts.

TÊTE
Le museau long et large et les babines lâches évoquent le pointer ou le dogue. Le front en pente douce est celui du dogue.

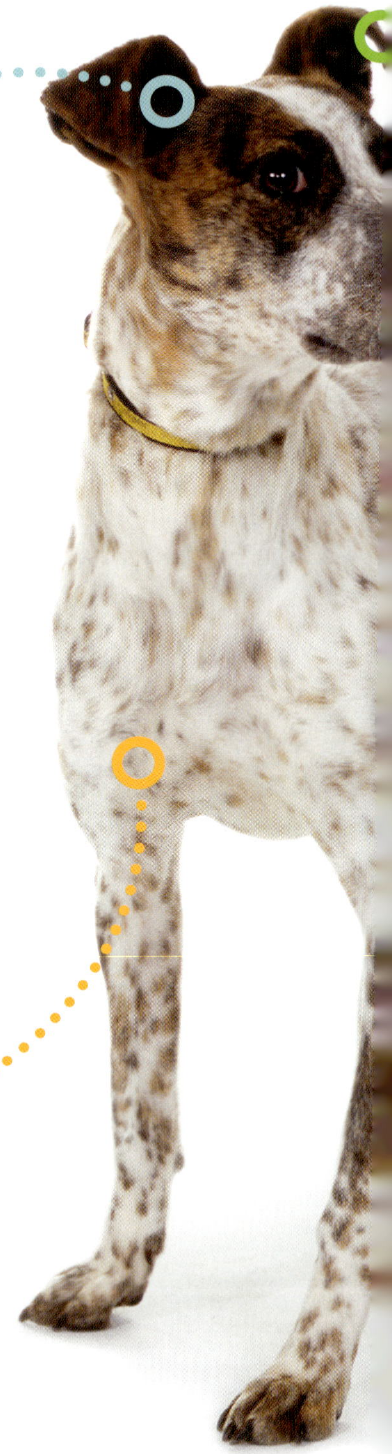

Pointer

Dogue allemand

CORPS
La ligne du dos descend jusqu'à l'arrière-train et le ventre est levretté comme chez le greyhound, mais la poitrine large et ample rappelle celle du pointer.

Pointer

Greyhound

Son "pedigree"

- Pointer
- Greyhound
- Dogue allemand

Dogue allemand

OREILLES

Attachées haut et dressées comme celles du greyhound, retombant vers l'avant comme celles du dogue.

Greyhound

Pointer

PELAGE

Poil court et lisse et robe mouchetée. C'est souvent le cas chez les pointers.

Dogue allemand

QUEUE

Assez longue et portée bas comme celle du dogue allemand. Elle est ramenée entre les membres comme celle du greyhound.

Greyhound

Setpoint allemand

D'après son apparence, ce corniaud a du sang de pointer, même si sa tête est plus large et que ses oreilles sont très différentes. C'est un grand chien, dont la robe noire et blanche (dite arlequin) apporte un autre indice sur ses origines : il a probablement du sang de dogue allemand. Son poil, qui est un peu plus long au niveau du cou, laisse également supposer une petite dose de setter anglais. Malgré sa grande taille, c'est un animal très docile. Son poil lisse nécessite peu d'entretien. Reste qu'il a un appétit énorme, ce qui peut finir par revenir cher.

Pointer

Dogue allemand

TÊTE
Large et finement ciselée, avec un museau long en forme de coin. Le pointer et le dogue allemand n'y sont certainement pas étrangers.

CORPS
Ce chien est aussi long que haut, comme le pointer et le dogue allemand.

Pointer

Dogue allemand

Setter anglais

PATTES
Les antérieurs longs et droits évoquent le pointer. Les pieds serrés et puissants, ainsi que les postérieurs mouchetés rappellent plutôt le setter anglais.

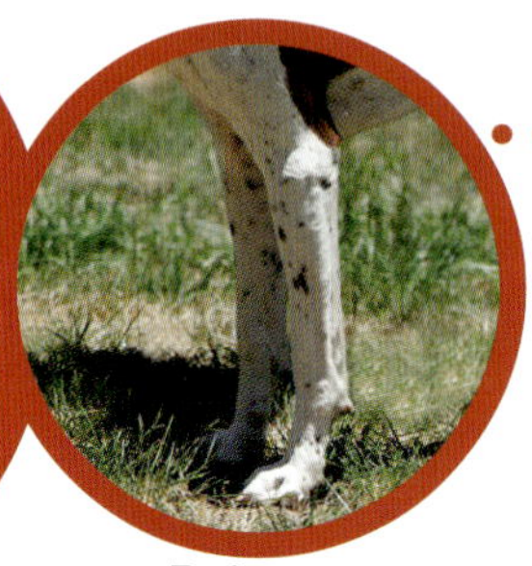

Pointer

Son "pedigree"

- Pointer
- Dogue allemand
- Setter anglais

OREILLES
Assez grandes, attachées haut, sur l'arrière du crâne, et repliées, comme celles du dogue allemand.

Dogue allemand

PELAGE
Court et lisse comme celui du pointer, mais la robe semble être l'héritage d'un dogue allemand arlequin. Un peu plus épais et long par endroits, ce qui évoque le setter.

Pointer

Dogue allemand

Setter anglais

Berger goldepeake

Un coup d'œil à ce chien suffit pour deviner qu'il y a un golden retriever parmi ses ancêtres. Toutefois, sa tête n'a pas le museau carré et les oreilles tombantes typiques des rapporteurs. Elle est sans conteste celle d'un chien de berger – avec ces oreilles, peut-être s'agit-il d'un colley ? À moins que ce ne soit celle d'un berger allemand, avec un tel museau ? Et même si on voit plus souvent des bergers allemands noirs et marron, il en existe d'autres couleurs. Quelles que soient ses particularités, un chien qui associe un rapporteur et un chien de berger ne peut avoir que des avantages : il est intelligent, facile à dresser, sociable et gentil avec les enfants.

TÊTE
Large et triangulaire, au museau puissant et effilé ; le berger allemand fait très probablement partie de ses ancêtres.

Berger allemand

Golden retriever

PATTES
Les membres puissants et les pieds larges sont ceux d'un rapporteur : un chien bâti pour nager.

Retriever de la baie de Chesapeake

Son “pedigree”

Golden retriever
Berger allemand
Retriever (Chesapeake)
Colley

Berger allemand

OREILLES

Triangulaires et attachées haut sur la tête, comme celles du berger allemand. Extrémités tombantes comme chez le colley.

Colley

Golden retriever

CORPS

Le dos long et puissant, légèrement arrondi au niveau de l’arrière-train, est caractéristique des rapporteurs.

Retriever de la baie de Chesapeake

Golden retriever

PELAGE

Doré, poil plat mais ondulé, comme le golden retriever. Les franges abondantes sur le dessous du corps et sur la queue évoquent le colley.

Colley

Chiens de créateurs

Labradoodle

On appelle *designer dogs*, c'est-à-dire « chiens de créateurs » ou « chiens-concepts », des chiens issus d'un croisement entre deux lignées de race pure, l'objectif étant de créer un nouveau type de chien, dont les caractéristiques sont connues d'avance. Le labradoodle en est l'exemple le plus connu. Il a été créé en Australie dans les années 1980 à la demande d'une femme qui avait besoin d'un chien guide qui ne risquerait pas de déclencher une allergie chez son mari (le caniche perd moins ses poils que les autres). Le labradoodle est vif et intelligent.

TÊTE

Le crâne large, les oreilles très écartées et la grosse truffe sont typiques du labrador. Le dessus légèrement arrondi et le long museau, puissant et droit, sont ceux du caniche.

Labrador

Caniche moyen

CORPS

Le labrador est puissamment bâti ; la ligne du dos est horizontale. Le caniche a la poitrine profonde, modérément large, et l'arrière-train large, court et musclé.

Labrador

Caniche moyen

PATTES

Les membres du labrador sont puissants et gros, ses pieds grands et compacts, et ses coussinets épais. Ceux du caniche sont longs et droits, à l'avant comme à l'arrière.

Caniche moyen

Labrador

Son “pedigree”

Labrador
Caniche moyen

Labrador

Caniche moyen

OREILLES

Ce sont surtout des oreilles de caniche : longues, fournies, attachées bas, qui retombent contre la tête. Les oreilles du labrador sont elles aussi attachées bas et retombent contre la tête, mais le poil est plus court.

Labrador

PELAGE

Ce chien est doté d'une toison qui forme de longues boucles assez lâches. Il associe le poil dense, doux et bouclé du caniche et le poil plat, rude et court du labrador.

Caniche moyen

Labrador

QUEUE

Assez épaisse à la base, elle va en s'amincissant, comme celle du labrador. Attachée haut sur le dos, portée gaiement et bien fournie, comme celle du caniche.

Caniche moyen

Puggle

Le puggle est un croisement entre le carlin (*pug* en anglais) et le beagle. Il semble avoir hérité des qualités de chacun d'entre eux. Tout ce qui est extrême chez les deux races est présent, quoique plus modérément s'agissant du puggle. C'est un petit chien courant énergique, aussi enjoué qu'un chien de compagnie. Il est sociable et affectueux, un peu plus facile à dresser que le beagle. Il adore se dépenser, mais il apprécie aussi les câlins à l'occasion. Il s'entend très bien avec les enfants, les chiens et les autres animaux domestiques. Il a toutefois gardé du beagle une tendance à aboyer et à hurler.

TÊTE
Le crâne légèrement bombé et le museau bien dessiné est celui du beagle. Le grand front arrondi et plissé est celui du carlin.

Carlin

Beagle

Carlin

CORPS
Il ressemble surtout à celui du carlin : compact et épais, avec une cage thoracique très large. Grâce au beagle, le dos et le cou sont un peu plus longs.

Beagle

Beagle

PATTES
Les membres puissants et droits, de longueur moyenne, sont caractéristiques des deux races, mais les pieds ni très ronds ni longs sont ceux du carlin.

Carlin

Son “pedigree”

Carlin
Beagle

Carlin

OREILLES

C’est un compromis entre celles des deux races. Le carlin a de petites oreilles fines, triangulaires, noires, en bouton ou en rose. Celles du beagle sont plus larges et plus grosses, et elles pendent toujours.

Beagle

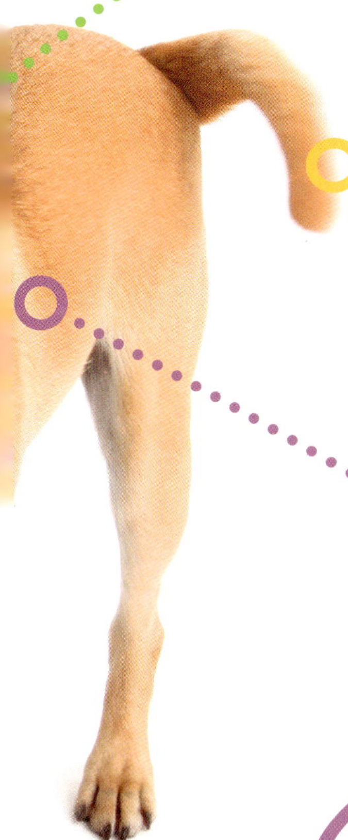

Beagle

QUEUE

La queue est épaisse et attachée haut sur le dos, comme celle des deux races. La boucle qu’elle forme est à mi-chemin entre la queue droite du beagle et la queue en tire-bouchon du carlin.

Carlin

PELAGE

Poil court, lisse et brillant. La plupart des puggles ont une robe fauve (très répandue chez le carlin), mais elle peut aussi être feu, noire, blanche ou trico-lore, comme celle du beagle.

Beagle

Carlin

Cockapoo

Le cockapoo est un croisement de caniche (*poodle* en anglais) et de cocker. Il existe trois variétés de caniches : le moyen, le nain et le miniature. Toutes trois peuvent être présentes dans son sang, de même que les deux races de cockers (anglais et américain). Ce chien est de taille variable, mais il a toujours l'aspect douillet et l'intelligence extraordinaire du caniche ; il a en outre la patience et la corpulence robuste du cocker. Le cockapoo est très proche de ses maîtres, il est gentil avec les enfants et ne manifeste aucune hostilité envers les étrangers. Il est actif mais pas trop, et son poil est plus facile à entretenir que celui du caniche ou du cocker.

TÊTE

Comme chez le cocker, la longueur du museau – qui n'est pas pointu – correspond exactement à la longueur du crâne. La tête, comme celle du caniche, est arrondie sur le dessus et la face est large ; les yeux sont sombres et écartés.

Caniche nain

Cocker

Cocker

CORPS

Le profil carré du corps et le dos horizontal sont ceux du caniche. L'apparence robuste, la belle corpulence et la poitrine large sont héritées du cocker.

Caniche nain

Caniche nain

PATTES

Les antérieurs droits et les hanches larges et musclées sont typiques du cocker. Les pieds délicats, de forme ovale, sont ceux du caniche.

Cocker

Cocker

OREILLES

Les oreilles, longues, sont attachées bas sur la tête comme celles du cocker. Elles pendent et sont couvertes d'un poil bouclé comme celles du caniche.

Caniche nain

Son "pedigree"

Caniche nain

Cocker

Caniche nain

PELAGE

Le poil du cocker est court et fin sur la tête, plus long sur le corps et droit. Celui du caniche est dense et bouclé. Le cockapoo tient un peu des deux.

Cocker

QUEUE

La queue du caniche est droite, attachée haut et complètement couverte de poil. Celle du cocker est généralement portée à l'horizontale ; elle peut être portée plus haut.

Caniche nain

Cocker

Schnoodle

Le schnoodle est un croisement entre le schnauzer nain et le caniche nain. Il existe plusieurs tailles de caniche et de schnauzer. Le schnoodle peut donc être plus ou moins grand. Tous les schnoodles ont l'intelligence de leurs ancêtres et ils sont très attachés à leurs maîtres. Ils aiment apprendre et adorent jouer. Ils aiment aussi courir, mais comme ils sont petits, il n'est pas nécessaire de les emmener trotter tout l'après-midi pour les fatiguer. Ils ne perdent pas autant leurs poils que les autres races, mais ceux-ci poussent en permanence. Ils doivent donc être brossés toutes les semaines et toilettés tous les deux ou trois mois pour que leurs poils ne s'emmêlent pas.

TÊTE

Chez le schnauzer, la partie supérieure du crâne est longue, ce qui n'est pas le cas du museau, dont l'extrémité est plate. La face large et les yeux écartés, très sombres, ainsi que le crâne un peu arrondi, sont hérités du caniche.

Schnauzer nain

Caniche nain

Caniche nain

PATTES

Le caniche a des petits pieds ovales, aux coussinets épais. Les membres du schnauzer sont puissants, droits et écartés.

Schnauzer nain

Son "pedigree"

Caniche nain
Schnauzer nain

Caniche nain

OREILLES

Ce sont celles du schnauzer : petites, en V, attachées haut et repliées près du crâne. Comme chez le caniche, un poil abondant les recouvre.

Schnauzer nain

Caniche nain

CORPS

Court ; le dos droit est légèrement incliné depuis les épaules jusqu'à la queue, comme chez le schnauzer. Le profil carré et la poitrine pas trop large sont typiques du caniche.

Schnauzer nain

Caniche nain

PELAGE

Double, avec un poil de couverture dur et un sous-poil plus doux, il ressemble à celui du schnauzer. Le gris localisé plus près du corps est la couleur du sous-poil du schnauzer. Toutefois, la longueur du pelage est héritée du caniche.

Schnauzer nain

Index

R

S

T

W

X

Bibliographie et sites

Bibliographie

Guides pratiques généraux

Amy Marder et Debra Horwitz, *Le Guide Hachette du chien*, éd. Hachette Pratique, Paris, 2002, 224 pages.

Dr Rousselet-Blanc (dirigé par), *Larousse du chien et du chiot : races, soins, comportements*, éd. Larousse, Paris, 2006, 384 pages.

Katharina Schleg-Kofler, *Le Chien*, éd. Marabout, coll. Les animaux de compagnie, Paris, 2007, 128 pages.

Éducation, santé et entraînement du chien

Collectif, *Le Chien : soigner, élever, dresser, vivre avec son chien*, éd. Hachette Pratique, coll. Maxi Petits Pratiques Hachette Animaux, Paris, 2003, 256 pages.

Gérard Gilbert et Guy Quéinnec, *Trucs et astuces pour éduquer son chien*, éd. Hachette Pratique, Paris, 2006, 238 pages.

Gerd Ludwig, *Entraîner son chien*, éd. Hachette Pratique, Petits Pratiques Hachette Animaux, n° 27, Paris, 1997, 64 pages.

Katharina Schleg-Kofler, *Éduquer son chien*, éd. Hachette Pratique, Petits Pratiques Hachette Animaux, n° 24, Paris, 1996, 64 pages.

Sites Internet

Adoptions

La SPA – Société protectrice des animaux –, fondée en 1845 par Étienne Pariset, à l'origine pour protéger les chevaux, a ouvert son premier refuge en 1903 à Gennevilliers, dans les Hauts-de-Seine. Elle en possède aujourd'hui 55 dans toute la France, qui recueillent 45 000 animaux. Les chiennes adoptées à la SPA sont toujours stérilisées. Pour adopter, il vous sera demandé une pièce d'identité, un justificatif de domicile et une participation financière allant de 80 à 150 €.
www.spa.asso.fr

La fondation 30 millions d'amis est née en 1995, à l'initiative de Jean-Pierre Hutin qui avait lancé, vingt ans plus tôt, la première émission télévisée consacrée aux animaux de compagnie.
www.30millionsdamis.fr

Renseignements généraux

www.chiensaz.com
Pour en savoir plus sur le comportement du chien et ses pathologies, selon les races.

www.santevet.com
Assurez la santé de votre compagnon et puisez dans les nombreux conseils pour prendre soin de votre chien.

www.frenchtoutou.com
Tout savoir sur l'actualité canine et être renseigné dans divers domaines par des spécialistes du chien.

L'adoption : un acte responsable

Parce qu'un animal est un être vivant et non un jouet dont on peut se débarrasser lorsqu'il devient trop encombrant, réfléchissez bien avant d'adopter un chien. Vous vivrez avec lui plus d'une dizaine d'années. Renseignez-vous sur son comportement, sur la taille qu'il atteindra à l'âge adulte, ainsi que sur les frais liés à son alimentation et à son hygiène. Si vous vivez en appartement, un grand chien demandant beaucoup d'espace pour courir ne sera sans doute pas un bon choix. Si vous avez de jeunes enfants, recherchez un chien docile et patient, qui aime jouer.

Crédits Photographiques

Corniauds photographiés par Marc Henrie : 5, 16, 18, 22, 26, 30, 34, 38, 42, 46-177 ; 1re et 2e de couverture

Première partie
6 SS/Jennifer Sekerka ; 8 SS/Robert J. Daveant ; 9 BSP/Nicole Hrustyk ; 10 SS/Glenn Monroe ; 11 JI, 25 JI

Races pures
Affenpinscher JI 33, 34, 36, 37, 50, 51
Airedale SS/vnlit 23, 24, 32, 62, 63, 68, 69, 72, 73
Akita (assis) wiki/Dante Alighieri 31, 32, 93
Akita (debout) JI 39, 40, 43, 45, 93, 100, 101
Barzoï (couché) BSP/Alexandr Anastasin 13
Barzoï (debout) BSP/Alexandr Anastasin 24, 27, 28, 39, 41, 44, 120, 121, 126, 127
Basenji SS/Magdalena Szachowska 13
Basset hound (assis) SS/Eric Isselée 19, 20, 33, 36. 42, 112, 113, 154, 155
Basset hound (debout) Star Media Ltd. 45, 155
Beagle (adulte) BSP/Frank-Peter Funke 19, 20, 39, 41, 42, 44, 82, 118, 137, 156, 182, 183
Beagle (chiot) SS/Eric Isselée 31, 33, 83, 112, 113, 118, 136, 137, 143, 156, 157, 182, 183
Beauceron SS/Eric Isselée 28, 29, 35, 37, 80, 81, 130, 131
Berger allemand (de profil) PhotoDisc, Inc. 30, 35, 37, 82, 83, 89, 94, 95, 96, 97, 102, 103, 176, 177
Berger allemand (de trois quarts) BrET X Pictures 39, 41, 82, 88, 96
Berger australien (assis) wiki/Pleple2000 152, 153
Berger australien (debout) SS/Iztok Noc 25, 31, 33, 81
Border collie (de profil) Kent Dannen 36, 90, 91, 98, 99, 100, 115
Border collie (de trois quarts) SS/Andra Cerar 99, 100, 101, 114, 115
Border terrier Kent Dannen 21, 23, 24, 31, 33, 41, 58, 59, 60, 61, 66, 72, 73
Bouledogue français SS/inGrand 19, 29, 23, 25, 28, 36, 156, 157
Bouledogue SS/Éric Isselée 24, 25, 27, 29, 34, 43, 45, 64, 65
Bouvier australien (assis) SS/Curt Pickens 19, 20, 138
Bouvier australien (debout) SS/Stas Volik 13, 32, 35, 36, 138, 139
Boxer BSP/Eric Isselée 33, 43, 44, 64, 65, 71, 74, 75, 88, 89, 94, 95, 168, 169
Braque allemand à poil court BSP/Larry Gibason 35, 37, 41, 110, 111, 164
Braque de Weimar Morguefile/JJM 33, 162, 163, 170
Braque hongrois (assis) wiki/Raquel Barousse 95
Braque hongrois (debout) SS/Christine Nichols 36, 73, 94, 161, 162, 163
Buhund norvégien Kent Dannen 13, 20, 86, 87, 92, 93
Bullmastiff (assis) SS/Marilyn Barbone 64, 65, 74, 86, 169
Bullmastiff (debout) Kent Dannen 27, 29, 43, 45, 75, 86, 87, 168, 169
Cairn terrier (assis) wiki/Ronald Müller-Hagen 20, 50, 51, 59
Cairn terrier (couché) wiki/Kathrin Albrecht 29, 45, 50, 51, 58, 60, 61
Caniche moyen SS/Racheal Grazias 31, 32, 33, 39, 40, 129, 180, 181
Caniche nain Kent Dannen 152, 153, 184, 185, 186, 187
Carlin (couché) Star Media Ltd. 21
Carlin (debout) SS/Ferenc Szelepcsenyi 13, 25, 27, 28, 40, 45, 140, 141, 150, 151, 155, 182, 183
Cavalier King Charles (assis) SS/Elaine Hudson 149
Cavalier King Charles (debout) SS/Dusan Po 37, 41, 148, 149
Chien courant de Hamilton Carol Ann Johnson 20, 122, 123, 160, 161
Chien d'eau irlandais (marron) wiki/Pleple2000 129
Chien d'eau irlandais (noir) Kent Dannen 32, 129
Chien d'élan norvégien Kent Dannen 31, 33, 44, 89
Chien de Caroline wiki/Riverside Rescue 12
Chien finnois de Laponie wiki/Pleple2000 24, 36, 43, 44, 45, 80, 81
Chien inuit du Canada wiki/Mr.sparkle1 12
Chien nu du Pérou Alicia Ward 12
Chien suédois de Laponie Carol Ann Johnson 150, 151
Chihuahua (assis) wiki/Schenk fotos 135, 141, 150, 151
Chihuahua (couché) SS/Mike Ludkowski 20, 32, 134, 140, 151
Chihuahua (debout) BSP/Emmanuelle Bonzami 135, 141, 151
Cocker (assis) SS/Karla Caspari 184, 185
Cocker (debout) BSP/Jozsef Tibor 20, 44, 184, 185
Colley (de profil) Kent Dannen 25, 84, 85, 96, 97, 98, 99, 100, 101, 114, 177
Colley (de trois quarts) SS/Waldemar Dabrowski 19, 21, 23, 84, 85, 97, 99, 101, 115, 177
Colley barbu (gris et blanc) SS/Eric Isselée 90, 91, 152, 153
Colley barbu (noir et blanc) BSP/Jessica Bilén 32, 35, 36, 44, 153
Dalmation SS/WizData, inc. 31, 32, 35, 37, 164, 165
Dandie Dinmont terrier Kent Dannen 28, 58, 59
Doberman SS/Yuri Arcurs 25, 27, 29, 33, 37, 43, 45, 96, 97, 130, 131
Dogue allemand SS/Eric Isselée 27, 29, 35, 37, 39, 40, 45, 75, 124, 125, 172, 173, 174, 175
Épagneul breton wiki/JL GOASDOUE 28, 37,45,114,115,144,145
Épagneul nain papillon BSP/Chris Blaisdell 33, 37, 43, 44, 148, 149
Épagneul tibétain Kent Dannen 21, 25, 138, 140, 141
Foxhound Kent Dannen 20, 30, 118, 119, 122, 123, 160, 161, 170
Fox-terrier à poil dur Kent Dannen 25, 31, 32, 41, 54, 63, 66
Fox-terrier à poil lisse Kent Dannen 45, 52, 53, 56, 57, 122, 123
Golden retriever SS/Lisa A. Svara 24, 85, 92, 93, 166, 176, 177
Grand bouvier suisse Kent Dannen 36, 38, 40, 98, 99, 157
Greyhound wiki/Scott Feldstein/Creative Commons Attribution License 2.0 13, 20, 28, 32, 35, 37, 108, 109, 119, 121, 124, 125, 126, 127, 128, 129, 130, 131, 165, 166, 167, 172, 173
Griffon vendéen wiki/Pleple2000 35, 36, 41, 90, 91
Husky de Sibérie SS/Jeffrey Ong Guo Xiong 19, 33, 39, 40, 44, 166, 167
Jack Russell BSP/Eric Isselée 35, 36, 134, 135, 136, 137, 141, 142, 143, 148, 149
Labrador SS/Johanna Goodyear 29, 33, 39, 40, 43, 44, 86, 87, 98, 110, 111, 142, 143, 160, 161, 162, 163, 166, 167, 168, 169, 170, 171, 180, 181
Lakeland terrier Kent Dannen 21, 38, 54, 55, 67, 68, 69
Lévrier écossais (gris clair) wiki/Pleple2000/Creative Commons Attribution ShareAlike license 2.5 110. 111, 120, 121, 128
Lévrier écossais (gris foncé) Kent Dannen 27, 28, 33, 110. 111, 120, 121, 129
Lévrier irlandais (de profil) Kent Dannen 117
Lévrier irlandais (de trois quarts) IO/Ralph Reinhold 13, 25, 29, 110, 111, 116, 117
Malamute (assis) StockExchange : Iza Oblak 12, 29, 44, 102
Malamute (debout) wiki/Klaus Helgert 40, 80, 81, 102
Malinois (couché) BSP/Sergejs Nescereckis 24
Malinois (dans l'eau) SS/Laila Kazakevica 84, 88, 89, 96
Malinois (de profil) BSP/Emmanuelle Bonzami 84, 85, 88
Pinscher nain (couché) BSP/Randy Harris 31, 33, 44, 77, 135, 139
Pinscher nain (debout) BSP/Anke van Wyk 135
Pitbull wiki/Dante Alighieri 52, 53, 64, 65, 70, 71, 94, 95
Podenco d'Ibiza IO/Ralph Reinhold 13, 27, 29, 35, 37, 41, 106, 107, 108, 109, 116, 117, 127
Pointer wiki/Peter Firus 23, 29, 40, 124, 125, 172, 173, 174, 175
Retriever à poil plat Kent Dannen 32, 35, 36, 43, 44, 171
Retriever de la baie de Chesapeake Kent Dannen 20, 40, 44, 160, 161, 176, 177
Rhodesian ridgeback (couché) SS/Digital Multimedia Creations 24, 29, 119
Rhodesian ridgeback (debout) SS/Deborah Aronds 19, 20, 87, 118, 119
Rottweiler SS/Rhonda Odonnell 23, 24, 29, 37, 102, 103, 130
Saluki Kent Dannen 20, 23, 24, 28, 29, 41, 108, 109, 120, 121
Schnauzer nain SS/Waldemar Dabrowski 72, 73, 186, 187
Scottish terrier Kent Dannen 23, 25, 51, 58, 59
Setter anglais Kent Dannen 37, 165, 174, 175
Shar Peï (couché) PhotoDisc, Inc. 155
Shar Peï (debout) BSP/Eric Isselée 19, 21, 29, 32, 154
Shiba (assis) SS/Nicholas James Homrich 56, 146, 147
Shîba (debout) Kent Dannen 13, 23, 24, 31, 32, 33, 57, 147
Spitz finlandais Kent Dannen 25, 40, 56, 57, 87, 147
Spitz nain Kent Dannen 24, 33, 39, 40, 146, 147, 150, 151
Spitz-loup Kent Dannen 24, 33, 146, 147
Springer anglais Star Media Ltd. 24, 37, 43, 45, 123
Staffordshire américain SS/Eric Isselée 19, 21, 24, 29, 31, 32, 40, 52, 53, 70, 71, 74, 75
Teckel SS/Kuzma 27, 28, 39, 41, 43, 45, 136, 137, 142, 143, 144, 145, 154, 155
Terrier australien (assis) SS/Pixshots 51, 76
Terrier australien (debout) SS/Pixshots 34, 36, 51, 76, 77
Terrier de Manchester Kent Dannen 32, 37, 41, 45, 56, 62, 63, 70, 71, 106, 107, 134, 135, 137, 156, 157
Terrier du Norfolk Kent Dannen 21, 33, 57, 60, 61, 76, 77
Terrier du Yorkshire (couché) SS/Joy Fera 61, 153
Terrier du Yorkshire (debout) SS/Jackson Gee 27, 29, 60, 152
Terrier gallois Kent Dannen 37, 62, 63, 66, 67, 68, 69, 76, 77
Terrier irlandais (couché) PhotoDisc, Inc. 54, 68, 80, 116
Terrier irlandais (qui court) SS/Claudia Steininger 33, 36, 54, 69, 116, 117
Terrier irlandais à poil doux Kent Dannen 25, 27, 55
Tervueren Kent Dannen 41, 92, 93, 102
Welsh corgi (assis) SS/Annette 20, 36, 82, 83, 112, 113, 138, 139, 144
Welsh corgi (debout) BSP/Cindy Haggerty 28, 82, 139, 145
Whippet (assis) JI 39, 41
Whippet (couché) SS/Magdalena Szachowska 19, 106, 109, 115, 122, 126, 163
Whippet (debout) StockExchange/Cezar Perelles 20, 24, 28, 29, 32, 37, 84, 106, 107, 108, 109, 114, 115, 122, 123, 127, 162
Xoloitzcuintli Kent Dannen 12

Races nouvelles (chiens de créateurs)
Cockapoo Chelle Calbert
Labradoodle Derek Ramsey/Creative Commons Attribution ShareAlike 2.5 License
Puggle SS/Rick's Photography
Schnoodle SS/Scott Bolster

JI : Jupiterimages Corporation
SS : ShutterStock
IO : IndexOpen
wiki : Wikipedia Commons
BSP : BigStockPhoto